Des Wahnsinns fette Beute

Falk van Helsing

Des Wahnsinns fette Beute

Die dümmsten Verbrecher der Welt

Eichborn.

1 2 3 4 06 05 04

Umschlaggestaltung: Christina Hucke
Foto: Digital Vision
Lektorat: Oliver Thomas Domzalski
Redaktion: Katharina Theml
Layout: Tania Poppe
Gesamtherstellung: Fuldaer Verlagsagentur, Fulda
ISBN 3-8218-4871-5

Verlagsverzeichnis schickt gern:
Eichborn AG, Kaiserstr. 66, D-60329 Frankfurt
www.eichborn.de

Inhaltsverzeichnis

Vorwort

Dieses Buch ist eine Pannensammlung des Verbrechens. In der Kriminellenbranche tummeln sich reihenweise Schwachköpfe, Pechvögel und Dilettanten. Die meisten »Superhirne« sind in Wirklichkeit geistig minderbemittelt und machen deshalb haarsträubende Fehler. Statt des geplanten süßen Lebens in der Karibik folgt dem verpatzten »Supercoup« ein bitteres Leben hinter Gittern.
Trottelige Einbrecher schlafen am Tatort ein oder verlieren während des Bruchs ihren Ausweis. Leicht verblödete Räuber benutzen Raumspray als Tatwaffe oder nehmen eine Schaufensterpuppe als Geisel. Für den Überfallzettel (»Das ist ein Überfall! Geld her!«) wird der eigene Briefbogen benutzt, vollständig mit Name, Adresse und Telefonnummer des Bankräubers. Dummdreiste Kriminelle wenden sich selbst an die Polizei, weil ihnen das Diebesgut gestohlen wurde oder die ihnen verkauften Drogen von schlechter Qualität waren. Auch Ausbruchsversuche scheitern kläglich, sei es, weil der Fluchttunnel genau in der Wachstube der Gefängnispolizei endet oder das aus Bettlaken zusammengeknotete Seil etliche Meter zu kurz ist.

»Dümmer als die Polizei erlaubt«, könnten Sie jetzt denken. Doch das Recht auf Dummheit wird sogar von der Verfassung geschützt. Es gehört zur Garantie der freien Persönlichkeitsentfaltung nach Artikel 2 Abs.1 des Grundgesetzes. Die Beschränktheit der meisten Möchtegernverbrecher hat zudem zwei unbestreitbare Vorteile: Sie erleichtert den Gesetzeshütern ungemein die Arbeit und bietet ein unerschöpfliches Reservoir wirklich witziger Storys.

In diesem Buch finden Sie 200 Fälle mit den Meisterleistungen der dümmsten Bankräuber, der dämlichsten Diebe und der bescheuertsten Betrüger. Da Dummheit keine Grenzen kennt – sie ist überall zu Hause –, sind in diesem Buch kuriose Fälle aus der ganzen Welt vertreten.

All diese Geschichten sind tatsächlich passiert. Die Fälle sind

Zeitungen, Zeitschriften, Agenturmeldungen, Büchern und dem Internet entnommen. Am Ende jedes Falles finden Sie eine Quellenangabe.

Viel Vergnügen!

Falk van Helsing
(*FalkvanHelsing@aol.com*)

1. Ba-ba-ba-Banküberfall
Die kuriosesten Bankräubereien

Wer hat nicht schon mal davon geträumt, durch einen gelungenen Banküberfall auf einen Schlag steinreich zu werden? In den Tresoren der Banken ist im Übermaß gelagert, woran es den meisten Menschen mangelt. Der Bankraub beflügelt die Fantasie der Menschen, scheitert aber häufiger, als er gelingt. Schon durch ein kleines Missgeschick verwandelt sich der Traum vom Leben in Reichtum und Luxus in lange und sehr reale Jahre im Knast.

Geld oder ...

In München betrat eine 43-jährige Frau mit einer Pistole bewaffnet eine Bank. Vor dem Bankschalter zog sie die Waffe. Doch die Kassiererin blieb völlig unbeeindruckt und rief die Polizei. Denn die glücklose Bankräuberin hatte das Grundkonzept eines Bankraubs nicht richtig verstanden. Statt wie üblich die Pistole zur Einschüchterung auf den Kassierer oder auf andere Bankkunden zu richten, hielt sie sich die Pistole an die eigene Schläfe. Sie drohte der Kassiererin mit Selbstmord, falls ihr kein Geld ausbezahlt werde. Die ziemlich bemackte Bankräuberin wurde in die Psychiatrie eingewiesen.

ddp nachrichtenagentur vom 13.03.2003

Der verräterische Briefbogen

In Wuppertal schob ein Bankräuber einen Zettel mit der Aufschrift: »Das ist ein Überfall« über den Bankschalter. Der Bankangestellte drehte den Zettel misstrauisch um – dieser entpuppte sich als ein Briefbogen mit Name, Adresse und Telefonnummer des Bankräubers.

Stern Nr. 18/1996, S. 52

Es lebe die Mark (Brandenburg)!

Den Coup seines Lebens wollte ein Mann aus Brandenburg landen und überfiel fünf Tage nach der Währungsunion eine kleine Sparkassenfiliale in Herzfelde bei Berlin. Seine Beute konnte sich sehen lassen: 2.200 Mark – Ost.

www.unmoralische.de/kriminal2.htm

»Wir nehmen auch Schecks«

Bruce D. überfiel 1987 die Mutual Federal Savings Bank in Brockton, Massachusetts. Mit vorgehaltener Waffe verlangte er von den Bankkassierern die Auszahlung von bescheidenen 40 Millionen US-Dollar. Der Kassierer informierte ihn, dass diese Summe den Bargeldbestand der Bank ein ganz klein wenig überfordern würde. Die Bank habe nur etwa 40.000 Dollar Bargeld vorrätig. »Okay, kein Problem«, sagte Bruce, »dann nehme ich einen Scheck.« Er wurde kurze Zeit später verhaftet, als er versuchte, den Scheck bei einer anderen Bank seinem Konto gutschreiben zu lassen. Der Angeklagte wurde wegen absoluter Dämlichkeit zu drei bis fünf Jahren Gefängnis verurteilt. Der damit tateinheitlich verwirklichte Bankraub trat dahinter zurück.

Shepherd, America's Least Competent Criminals, S. 132

Peng und du bist tot!

In Österreich wollte ein 23-jähriger Mann die Raiffeisenkasse ausrauben. Mit den Worten »Überfall! Geld her!« verlangte der Bankräuber Moneten. Statt die geforderten Geldscheine aus der Kasse zu nehmen und dem Mann zu übergeben, überraschte der Schalterbeamte den verhinderten Bankräuber so: »Lass den Blödsinn! Von mir bekommst du kein Geld.« Der Mann flüchtete ohne Beute. Gendarmen stellten ihn nahe der Bank.

Des Rätsels Lösung: Dummerweise hatte der Peter Pan der Bankräuber keine Waffe dabei, weshalb er dem Bankbeamten einfach Daumen und Zeigefinger, wie zu einer Pistole gestreckt, vorgehalten hatte. Was beim Räuber-und-Gendarm-Spiel im Kindergarten prächtig funktioniert, kann in einem seriösen Kreditinstitut der Erwachsenenwelt gänzlich erfolglos sein. Allerdings dürften diese offensichtlichen Reifemängel strafmildernd wirken.

Tiroler Tageszeitung vom 21.06.2001

Misstrauischer Bankräuber

Jeffrie T., 35 Jahre alt, überfiel erfolgreich eine Bank in Baltimore. Noch bevor er die Bank mit seiner Beute verlassen konnte, wurde er an Ort und Stelle von der Polizei überwältigt und verhaftet. War die Polizei tatsächlich so schnell gekommen? Nein, Jeffrie T. war nach Aushändigung der Beute einfach in der Nähe des Kassenschalters stehen geblieben und hatte das Geld gezählt. Schließlich hing da ein Schild: »Prüfen Sie das ausgezahlte Geld sofort nach, spätere Reklamationen sind ausgeschlossen«.

Beloit Daily News vom 09.04.1997

Kollege kommt gleich

Die Polizei von Sacramento, Kalifornien, wurde wegen eines Banküberfalls zur American Savings Bank gerufen. Als sie am Tatort eintraf, fand sie vor der Bank stehend und auf seinen Fluchtwagen wartend Ed R., 55 Jahre, mitsamt der Beute. Sein Fahrer Theodore K., 35 Jahre, hatte die Zeit des Überfalls für eine Autowäsche genutzt und war noch nicht zurück. Theodore K. hatte sich angesichts des verdreckten Wagens offenbar Sorgen um die Lesbarkeit des Autokennzeichens gemacht. Diese ist ja gerade bei Fluchtautos von entscheidender Bedeutung – jedenfalls für die Polizei.

Sweet, Law and Disorder, S.20

Blindversuch

»Ich habe im Fernsehen gesehen, wie man eine Bank überfällt«, wird der Mann aus Gießen später vor dem Landgericht angeben, welches ihn zu vier Jahren Haft verurteilt. Offenbar handelte es sich dabei um die RTL-Sendung »Die dümmsten Verbrecher der Welt«. Dabei hatte sich der Mann akribisch auf seinen ersten Überfall vorbereitet: Plastikmesser, Wasserpistole und eine Tarnkappe waren besorgt. So gerüstet machte sich der 25-Jährige auf den Weg in die nächste Bank. Doch er hatte vergessen, in die Jutetasche, die ihm als Tarnkappe diente, Schlitze zu schneiden – und tapste folglich völlig blind mit der Spielzeugwaffe durch die Bank. Geld bekam er am Schalter keins, denn der Tresor war mit einem Zeitschloss gesichert. Um wenigstens auf dem Weg nach draußen freien Blick zu haben, zog sich der Frustrierte die Tasche vom Gesicht – dabei schaute er direkt in die Kamera und hinterließ ein Porträtfoto. Am nächsten Tag klickten die Handschellen.

Spiegel Online vom 11.11.2002

Raffinierte Sicherheitstechnik

In Birmingham, England, überfiel ein bewaffneter Mann eine Bank und verlangte vom Kassierer den gesamten Bargeldbestand. Als Antwort schnellte ein stabiler stählerner Rollladen zwischen ihm und dem Bankangestellten hoch. Der Täter entschloss sich zu flüchten. Er rannte zur Eingangstür und versuchte sie aufzudrücken. Sie bewegte sich nicht. Fast zehn Minuten lang versuchte er durch Drücken, Schlagen und Treten die Tür aufzubekommen. Offensichtlich war die Tür Teil der überlegenen Sicherheitsmaßnahmen der Bank und automatisch geschlossen worden. Der verhinderte Bankräuber war gefangen und gab auf. Doch als die Polizei ihn später aus der Bank abführte, sah er das Wort »ZIEHEN« in großen roten Buchstaben an der Tür. Schuldig der Dummheit ersten Grades!

Sinclair, Britain's Dumbest Criminals, S.56

Hau weg den Scheiß!

Im dänischen Munkebo wollten vier Spitzbuben den Tresor einer Bank aufsprengen. Bei der Dosierung des Dynamits verließen sich die unerfahrenen Panzerknacker auf ihr Gefühl. Das Dach der Bank wurde durch die Explosion abgehoben. Am Ende war das Geldinstitut in Schutt und Asche gelegt. Nur der Tresor blieb unversehrt. Die Täter wurden eine Woche später gefasst. Der Tresor war zum Zeitpunkt des Sprengversuchs übrigens leer.

Schönberger, Vabanque, S. 72

Übersehener Nachbar

Tagelang beobachtete ein »Stratege« eine amerikanische Bankfiliale, um den Zeitpunkt des geplanten Überfalls optimal festlegen zu können. Als er glaubte, dass dieser gekommen sei, reihte er sich in die Schlange der Wartenden ein und wartete geduldig, bis er an der Reihe war. Als er dem Kassierer endlich von Angesicht zu Angesicht gegenüberstand, zog er eine Pistole und schrie: »Dies ist ein Überfall! Keiner rührt sich!« Mit diesen Worten war der Überfall für ihn auch schon gelaufen, denn die fünf Wartenden hinter ihm waren bewaffnete FBI-Agenten, die in ihrer Mittagspause ihre Gehaltsschecks einlösen wollten. Die FBI-Niederlassung befand sich direkt gegenüber der Bank.

www.unmoralische.de/kriminal2.htm

Servicewüste Deutschland

Die beiden Bankräuber hatten ihren Coup bis ins Kleinste geplant. Montagmorgen fuhren sie zu der Bankfiliale in Rothenburg, Sachsen-Anhalt, wie es sich gehört mit Gesichtsmasken und Pistolen in der Hand. Doch als die Gangster in den Vorraum der Bank stürmten, standen sie vor verschlossenen Türen. Sie trafen nur eine Frau, die sich ihre Kontoauszüge ausdruckte. »Sie ist zu, nur dienstags und donnerstags ist auf«, stammelte die Arme, als ihr die Bankräuber eine Pistole an die Schläfe hielten.

Ein herber Schlag für die beiden Nachwuchs-Ganoven. Sie hätten ihren Bankraub besser nicht in der Servicewüste Deutschland versuchen sollen. Sie ließen die Frau mit zitternden Knien zurück und fuhren mit hängenden Schultern heim.

Express vom 12.05.2003

Muttertag

Lagerarbeiter Sven B., 23 Jahre, brach morgens durch ein Fenster in eine Volksbank-Filiale in Hannover ein. Als die Bankangestellte Karin B. zum Dienst kam, bedrohte der mit einer Gasmaske getarnte Sven sie mit einer Schreckschusspistole und ließ sich 76.735 Mark aushändigen. Doch Sven B. hatte keine Gelegenheit, das Geld auch auszugeben, denn als er zu Hause ankam, wartete die Polizei schon auf ihn. Trottelig, wie er war, hatte er einen Leinenbeutel seiner Mutter eingesteckt und diesen dann auch noch in der Bank vergessen. Inhalt: Strickzeug, Büstenhalter und ein Überweisungsvordruck, der den Räuber verriet. Kein Mensch weiß, was er mit dem Leinenbeutel beim Banküberfall wollte. Aber das Strickzeug kann er sicher gut beim Abbrummen einer mehrjährigen Freiheitsstrafe brauchen.

Hamburger Morgenpost vom 18.03.1997

Das richtige Formular ist entscheidend

Ein Bankräuber in San Francisco betrat eine Filiale der *Bank of America*. Sein Anliegen (»Geld her! Sonst tot!«) kritzelte er auf ein Überweisungsformular des Instituts. Während er in der Warteschlange stand, wurde er nervös und entschied sich, die gegenüberliegende Filiale der *Wells Fargo Bank* aufzusuchen.

Dort jedoch sagte ihm der Mann am Schalter, er bedaure, aber es widerspreche der Geschäftspolitik von *Wells Fargo*, bei solchen

Überfällen Formulare der Konkurrenz zu akzeptieren. Deshalb müsse er entweder ein Formular der *Wells Fargo* ausfüllen oder wieder zur *Bank of America* gehen. Dies fand der Bankräuber überzeugend und wechselte wiederum die Straßenseite. Der Bankangestellte rief die Polizei, welche den Täter ein paar Minuten später festnahm, als dieser immer noch in der Warteschlange der *Bank of America* stand. *Spiegel Nr. 1/1999, S. 143*

Bitte beachten Sie unsere Öffnungszeiten

Eine Räuberbande verschaffte sich im Juli 1992 in stundenlanger nächtlicher Arbeit Zugang zu den Räumen der Loyds Bank in Hampshire, England. Sie zersägten Gitterstäbe mit einer hydraulischen Säge, hebelten eine vergitterte Tür aus der Wand und stemmten ein Loch in eine weitere Wand. Obwohl sie recht zügig arbeiteten, kamen sie ein wenig zu spät: Die Zweigstelle hatte vier Jahre zuvor geschlossen, das Gebäude stand leer.

Fortean Times, The World's Stupidest Criminals, S. 5

Vertrauen ist der Anfang von allem

Drei Londoner Bankräuber griffen in der Nacht zunächst eine Reinigungskraft an und verschafften sich mit ihrer Hilfe Zugang zu der Bank. Als morgens eine Kassiererin erschien, überwältigten sie diese und befahlen ihr, den Tresor zu öffnen. Sie sagte ihnen, dass sie den Tresor alleine nicht öffnen könne – dies könnten nur zwei Angestellte zusammen tun. Aber sie habe draußen gerade den Filialleiter eine Zigarette rauchen sehen. Wenn sie mal kurz gehen dürfte, würde sie ihn holen. Das Trio willigte vertrauensvoll ein und ließ die Kassiererin gehen. Diese ging schnurstracks zu einem Telefon und rief die Polizei. Die Bankräuber warteten immer noch geduldig auf die Rückkehr der Kassiererin, als die Polizei hereinstürmte, um sie zu verhaften.

McKay, The World's Stupidest Criminals, S. 57

Manchmal reicht ein Foto nicht

Billy B. betrat die Capital Savings Bank in San Diego, Kalifornien, und verlangte Geld vom Kassierer. Als dieser zögerte, griff der Verbrecher in seine Tasche, zeigte ihm eine Pistole und verlangte mit Nachdruck Geld. Der Kassierer reagierte hierauf zu Billys Unverständnis mit einem Lachanfall. Bevor er sich davon erholt hatte, kam ein Sicherheitsbeamter der Bank hinzu und nahm Billy fest. Leider hatte Billy dem Kassierer mangels einer echten Waffe nur das Foto einer Pistole zeigen können. Eine weitere schlechte Nachricht für den verhinderten Bankräuber war, dass die Polizei ihm nicht nur ein Foto des Gefängnisses zeigen wird.

www.kooi.com/bozo/july98.htm

»Nehmen Sie sich, was da ist!«

Gleich fünf schwer bewaffnete Räuber stürmten im April 1992 in eine Bank in Baku, der Hauptstadt Aserbaidschans, und forderten Geld. Die Angestellten öffneten ihnen bereitwillig sämtliche Kassenschränke und Tresore – aus denen sie allerdings nur gähnend leere Fächer anblickten. Die Täter hatten offenbar die staatliche Finanzkrise ignoriert, aufgrund derer die Zentralbank die Filialen bereits seit zwei Monaten nicht mehr mit Bargeld hatte versorgen können.

Fortean Times, The World's Stupidest Criminals, S.3

Robin Hood lässt grüßen

Metin H. ging mit einem Küchenmesser bewaffnet in eine Sparkasse in Chorweiler und sagte: »Das ist ein Überfall!«. Dann verließ er seelenruhig mit der Beute von 14.000 Euro das Kreditinstitut. Davor stand eine Menge mit Schaulustigen. Da kam ihm das Motto eines Helden in Strumpfhosen »Nimm den Reichen und gib den Armen!« in den Sinn. »Wollt ihr Geld?«, fragte der Räuber und schmiss die Scheine in die Luft. Es gab keinen Grund zur Eile, denn der Sheriff von Nottingham war weit weg und auch nur zu Pferde unterwegs. Doch welch Ungemach: Alsbald erschien die motorisierte Polizei von Chorweiler und bereitete der fröhlichen Geldverteilung ein Ende. Trotz seiner heroischen Tat für die gute Sache nahm sie den »Robin Doof« von Chorweiler fest. Nur 8.000 Euro konnten der Bank zurückgegeben werden. Metin H. steht jetzt vor Gericht.

Express vom 13.05.2003

Das ist in die Hose gegangen!

John G. hatte erfolgreich die National City Bank in Columbus, Ohio, überfallen. Die erbeuteten Geldbündel steckte er sich vorne in die Hose. Dummerweise fiel der Bankräuber einen Block von der Bank entfernt Polizisten auf, weil er einen komischen Gang und offensichtliche Schmerzen hatte. John G. wurde eingebuchtet und wegen schweren Raubes angeklagt. Die Kassiererin hatte nämlich ein Sicherheitspaket unter das Geld geschmuggelt, das in der Hose explodierte. Durch die Explosion war sein Gemächt in Mitleidenschaft gezogen worden.

Associated Press vom 27.03.2003

Cooler Bluff

Drei junge Russlanddeutsche überfielen am 2. April 2002 maskiert und mit Pistolen bewaffnet die Sparkasse im niedersächsischen Wrestedt. Sie erbeuteten 240.000 Euro. Doch die von Nachbarn alarmierte Polizei erschien, bevor die Räuber die Sparkasse verlassen konnten. Sie nahmen zwei Bankangestellte als Geiseln und flüchteten in 21 Stunden 1.600 Kilometer weit, von Uelzen bis in die Ukraine.

Im ukrainischen Rowno stießen sie auf den örtlichen Polizeichef Anatolij Franzus: Rabiat eröffnete er den Tätern an einer Raststätte, dass jede Bewegung nun ihre letzte sein könnte. Seine Scharfschützen hätten den Wagen im Visier, die schießwütigen Spezialpolizisten könnten den Feuerbefehl kaum abwarten. Die Bankräuber gaben daraufhin auf. »Ein reiner Bluff«, sagt Franzus, es habe nie Scharfschützen gegeben.

Das Landgericht Lüneburg verurteilte die geständigen Täter zu Freiheitsstrafen zwischen sechs Jahren und neun Monaten sowie acht Jahren und drei Monaten.

Spiegel Nr. 15/2002, S. 92, Hamburger Abendblatt vom 28.08.2002

Gestatten, mein Name ist Doof

Die 41-jährige Bankräuberin Erika G. überfiel mit einer Stan-Laurel-Karnevalsmaske eine Volksbank im Sauerland und erbeutete 42.000 DM. Sie wäre wohl auch damit davongekommen, wenn sie nicht vergessen hätte, die Maske wieder abzunehmen. Da Aschermittwoch schon vorbei war, fiel sie einigen Passanten auf, die sie bis zum Eintreffen der Polizei festhielten.

Stern Nr. 18/1996, S. 52

Maschinenpistolen auf dem Rücksitz

Nach einem gelungenen Überfall mit Maschinenpistolen wollten zwei 29-jährige Magdeburger Bankräuber ihre Beute – 5.000 DM – auf der Reeperbahn verprassen. Den Wagen parkten sie in einer Nebenstraße, vergaßen dabei aber, ihre offen auf dem Rücksitz liegenden Bleispritzen im Kofferraum zu verstauen. Diese fielen einer Polizeistreife auf, der Wagen wurde sichergestellt. Später meldeten sich die ahnungslosen Ganoven auf der Davidswache. Ihr Auto sei, weil falsch geparkt, wohl umgesetzt worden, meinten sie. Die Polizisten freuten sich, dass die gesuchten Bankräuber selbst den Weg ins Polizeirevier gefunden hatten, und nahmen sie fest.

Stern Nr. 18/1996, S. 52

Geldwäsche mal anders

Ein Bankräuber aus Louisiana brachte ein paar Tage nach einem geglückten Banküberfall alle seine Hemden wie gewöhnlich zur Wäscherei. Als der Bankräuber seine Kleidung abholen wollte, wurde er verhaftet. Die Reinigung hatte routinemäßig die Kleidung nach vergessenen Sachen durchsucht und war sehr überrascht, als sie neben einem bisschen Geld eine Geldforderung fand, die auf die Rückseite eines Bankbelegs geschrieben war. Sie rief die Polizei an, welche den Zettel als denjenigen identifizieren konnte, der kurz zuvor bei einem Banküberfall verwendet worden war.

McKay, The World's Stupidest Criminals, S. 17

Die Rokoko-Bande

In Italien haben seltsam gekleidete Banditen mit Perücken, Lippenstift und Rouge elf spektakuläre Banküberfälle begangen. Die Polizei stand zunächst vor einem Rätsel. Aufgrund der Verkleidung und der Schminke waren die von Überwachungskameras aufgenommenen Täter nicht zu identifizieren.

Im August 1995 wurde die Überfallserie abrupt beendet, nachdem einige Beamte eine Theatervorstellung besucht hatten. Auf der Bühne erkannten sie die gesuchten Bankräuber. Es handelte sich bei ihnen um zehn Mitglieder einer aus Gefängnisinsassen bestehenden Theatertruppe. Diese hatten Bühnenauftritte außerhalb der Haftanstalt für die Banküberfälle genutzt. Die normalerweise im toskanischen Volterra einsitzenden Laiendarsteller trugen jeweils die Kostüme und die Schminke ihrer abendlichen Auftritte.

Deutsche Presse-Agentur vom 17.08.1995

Eine Frage der Ehre

Als Rolf G. aus Herford an einem Januartag des Jahres 1993 die Zeitung las, war er empört: Der Bankraub, bei dem er tags zuvor 70.000 DM erbeutet hatte, wurde als Aktion eines Serientäters beschrieben. Er rief die Lokalredaktion an, um sich zu beschweren und zu versichern, dass der Überfall am Vortag sein erster gewesen sei. Die verdutzten Redakteure waren immerhin geistesgegenwärtig genug, den Anruf mitzuschneiden. Der Rest war Routinearbeit für die Polizei: Stimmerkennung – Fahndung – Verhaftung.

Fortean Times, The World's Stupidest Criminals, S. 7

Der Wolf und die 7 Kassiererlein

Alvin J., 51 Jahre alt und Geschichtslehrer, überfiel am 21.04.2002 maskiert und verkleidet die Farmers & Mechanics Bank in Mount Laurel, New Jersey. Mit vorgehaltener Pistole sagte er zu den Kassierern: »Hände hoch und keine Bewegung! Ihr habt 10 Sekunden.« Er entkam mit einer Beute von über 10.000 Dollar. Trotz seiner Tarnung wurde Alvin J. kurze Zeit später verhaftet und zu einer Freiheitsstrafe von fünf Jahren und drei Monaten verurteilt. Eine Kleinigkeit hatte er nämlich übersehen: seine tiefe, heisere Stimme, die er nicht verstellen konnte. Diese wurde von der Kassiererin gleich wieder erkannt – schließlich war er Stammkunde dieser Bank.

Philadelphia Inquirer vom 02.04.2003

Eine Beichte zum Lachen

Glenn M. hat das perfekte Verbrechen begangen: Er hat in Macon, Georgia, kurz hintereinander drei Banken überfallen. Er schoss mit einem Gewehr jeweils in die Decke, nahm das Geld, es waren insgesamt 44.000 Dollar, und flüchtete auf einem Fahrrad, weshalb die Presse ihn den »Fahrrad-Räuber« nannte.

Drei Tage nach dem letzten Überfall war er in einem Comedy-Klub, in dem gerade ein Stegreifkomiker auftrat. Glenn M. schwang sich auf die Bühne, nahm das Mikro und erzählte einem Publikum von 300 Leuten, er sei der gesuchte »Fahrrad-Räuber«. Das Publikum lachte sich über dieses Geständnis schlapp, weil es dachte, es sei

Teil der Show. Nicht so der Klubbesitzer Mike Smith, ein ehemaliger Polizist. Das Komikertalent wurde verhaftet und zu 87 Jahren Gefängnis verurteilt. Schluss mit lustig!

CRIMNEWS, Volume 5, Issue No. 31, 04.08. 2001

Fangt mich doch, wenn ihr könnt!

Hochmut kommt bekanntlich vor dem Fall. Ein Räuber sah nach einer Serie von ihm begangener erfolgreicher Banküberfälle in den Nachrichten, dass die Polizei auf der Suche nach ihm vollkommen im Dunkeln tappte. Er rief das örtliche Polizeirevier an und prahlte, dass sie ihn niemals kriegen würden. Etwas langatmig brüstete er sich mit seinen hochentwickelten kriminellen Fähigkeiten und seiner Erfahrung damit, der Polizei zu entwischen. Seine Angeberei wurde etwas dadurch entkräftet, dass er vergaß, seine Anruferkennung zu blockieren. Der Polizei war es ein Leichtes, über die Telefonnummer Namen und Adresse des Bankräubers zu ermitteln. Als er ein paar Stunden später festgenommen wurde, telefonierte er gerade mit einem anderen Polizeirevier, um weiter anzugeben, sie würden ihn niemals kriegen.

McKay, The World's Stupidest Criminals, S. 43

Mancher Räuber scheut einen echten Banküberfall, denn das Risiko ist hoch und die Beute häufig recht mager. Ein Geldtransporter hat hingegen nicht selten Millionen an Bord und die Täter können den Ort des Überfalls selbst aussuchen. Geldautomaten erfreuen sich zunehmender Beliebtheit bei Bankräubern, da es bei ihnen kein menschliches Erpressungsopfer als Unsicherheitsfaktor gibt.

Klappe zu, Kohle weg

In Hamburg überfielen zwei bewaffnete Gangster vor einem Metro-Großmarkt einen gepanzerten Geldtransporter. Während sein

Komplize die ersten beiden Geldsäcke zum Fluchtauto schleppte, kletterte Rudolf R. in den Panzerwagen, um weitere Millionen herauszuholen. Geistesgegenwärtig schlug der Geldbote die Stahltür des Transporters zu und sprang ins Führerhaus. Der Fahrer drückte die Zentralverriegelung und gab Gas. Hinten schaukelte der eingeschlossene Rudolf R. auf rund drei Millionen Mark vier Kilometer weit bis zum Gelände der Polizeikaserne. Dort nahmen ihn 20 schwer bewaffnete Beamte des Mobilen Einsatzkommandos in Empfang. Nur fünf Tage später konnte der geflüchtete Komplize gefasst werden.

Stern Nr. 18/1996, S. 52

Auto-Scooter

Drei Räuber überfielen im März 2000 in Rheinland-Pfalz einen Geldtransporter, indem sie ihn rammten. Die mit Pistolen bewaffneten Täter überwältigten die Besatzung des Geldtransporters und machten mehr als 100.000 Mark Beute.

Allerdings war der Wagen der Räuber nach der Kollision mit dem gepanzerten Geldtransporter nur noch ein rauchendes Wrack. Die drei Männer zwangen einen Sportwagenfahrer zum Anhalten, bedrohten ihn mit ihren Waffen und flüchteten mit dem Auto. Nach kurzer Strecke kamen sie aber wegen überhöhter Geschwindigkeit von der Straße ab und bauten einen Unfall, bei dem einer der Täter verletzt wurde.

An der Unfallstelle stoppten die Flüchtenden erneut einen vorbeikommenden Wagen. Aber schon nach wenigen Kilometern passierte der nächste Unfall. Vor einer scharfen Rechtskurve rasten die Täter von der Straße in eine Böschung.

Nach drei zu Schrott gefahrenen Autos hatte das Trio von einer motorisierten Flucht die Nase voll und versuchte zu Fuß zu entkommen. Das war angesichts des heranrückenden massiven Polizeiaufgebotes, das durch Spürhunde und einen Polizeihubschrauber ergänzt wurde, keine wirklich gute Idee. Nur zwei Stunden nach dem Überfall nahm die Polizei den Crashdrivern die Beute ab und legte ihnen dafür Handschellen an.

Rhein-Zeitung vom 04.03.2000

Fotosession

Zwei Diebe, die im Mai 1995 in Arlington, Texas, 16.000 Dollar aus einem Geldtransporter stahlen, meinten fahrlässigerweise, eine Gruppe von 23 japanischen Touristen ignorieren zu können, die in der Nähe stand. Die Polizei konnte zwar keinen der Zeugen in englischer Sprache vernehmen – aber dafür erhielt sie insgesamt 39 Fotos, auf denen die Gesichter der Kriminellen und vor allem das Nummernschild des Fluchtfahrzeugs zu sehen waren. Die Ermittlung und Verhaftung der Täter war danach ein Kinderspiel.

Shepherd, America's Least Competent Criminals, S. 111

Dumm gelaufen

Der Preis für die unfähigsten Geldautomatenknacker geht zweifellos an zwei Gangster, die in Saarmund bei Potsdam versuchten, den Geldautomaten einer Bank zu stehlen. Sie setzten mit einem geklauten LKW rückwärts durch die gläserne Eingangsfront in die Bank. Im Vorraum schlangen sie ein armdickes Tau um einen Automaten, verbanden es mit der Anhängerkupplung des Lastwagens und gaben Gas. Das sperrige Gerät riss aus seiner Verankerung, blieb aber in der Tür stecken. Die Täter flüchteten, als sie merkten, dass sie ohnehin nur den Kontoauszugsdrucker und nicht den Geldautomaten erwischt hatten.

Stern Nr. 18/1996, S. 52

Spur der Verwüstung

Zwei ungeschickte Bankräuber aus Halberstadt haben es geschafft, den gesamten Straßenbahn-Betrieb in der Vorharzstadt lahm zu legen. Mithilfe eines gestohlenen Lasters mit Ladearm rissen die Männer einen frei stehenden Geldautomaten der örtlichen Kreissparkasse aus seiner Verankerung. Allerdings vergaßen sie den Ladearm wieder einzufahren, weshalb dieser bei der Flucht die Oberleitungen der Straßenbahn auf einer Länge von mehreren hundert Metern zerstörte, wodurch es zu einem Kurzschluss kam. Zudem wurden Hausfassaden und Fenster beschädigt. Die offenbar erschrockenen Bankräuber stellten den Laster mit dem noch verschlossenen Geldautomaten auf der Ladefläche in einer Sackgasse der Altstadt ab und flüchteten ohne Beute.

Frankfurter Rundschau vom 23.08.1999

Standhafter Geldautomat

In Norwegen versuchte ein Mann einen Geldautomaten aus der Wand zu reißen, indem er ihn mit einer Kette hinten an seinem Lieferwagen befestigte. Beim Anfahren riss die Kette jedoch unglücklicherweise die Stoßstange des Wagens ab. Der Mann geriet in Panik und fuhr schnell weg. Eines hatte er allerdings übersehen: Sein Nummernschild war an der Stoßstange, die immer noch an den Geldautomaten gekettet war. Die Polizei konnte durch das Kennzeichen den Täter schnell ermitteln und verhaftete ihn am nächsten Tag.

McKay, The World's Stupidest Criminals, S. 65

2. Möchtegernräuber
Der Irrsinn ganz normaler Raubüberfälle

Ganoven, denen Ladendiebstähle zu wenig Knete bringen,
die sich aber keinen Bankraub zutrauen,
versuchen sich oft an Raubüberfällen auf Geschäfte und Passanten.
Dies jedoch meist erfolglos, wie wir gleich erfahren werden.

Schreckhafte Frauen unter sich

Ende Mai 2002 betrat eine angeblich hochschwangere Frau in Österreich eine Boutique, schlug mit der Hand auf den Verkaufstresen und forderte Geld. Um ihre Forderung zu untermauern, griff die rabiate Täterin in ihre Jacke, zückte eine Spraydose und zielte damit auf die Verkäuferin. Diese erlitt einen schweren Schock und begann dermaßen zu schreien, die Schwangere ohne Beute flüchtete. Bei der mörderischen Tatwaffe handelte es sich übrigens um ein Raumspray. Duftnote: Tanne.

Vorarlberger Nachrichten vom 23.12.2002, S. 81

Zweimal drücken hilft

James E. wollte während eines Überfalls in Long Beach, Kalifornien, mit seinem Revolver vom Kaliber 38 auf sein Raubopfer schießen. Doch als er abdrückte, passierte nichts. Er schaute in den Lauf und betätigte den Abzug noch einmal. Diesmal funktionierte die Waffe und der nervöse Räuber schoss sich selbst in den Kopf. Obwohl die Kugel dort im Wesentlichen nur auf Vakuum traf, war der Räuber sofort tot.

Houston Chronicle vom 15.01.1986

»Komm schon, Puppe!«

Nach einem missglückten Überfall in Rom drohte der mit seiner Waffe herumfuchtelnde Räuber, seine Geisel zu erschießen, wenn die Polizisten irgendeinen Versuch unternehmen würden, ihn festzunehmen. Die Polizei verhaftete ihn dennoch. Denn bei der Geisel handelte es sich bloß um eine Schaufensterpuppe. Ein Polizeisprecher sagte: »Der Mann war entweder blind wie ein Maulwurf, dumm oder beides.« *www.dumbcrooks.com/jan4.html*

»Ich muss jetzt Schluss machen, die Räuber kommen.«

Zwei junge Männer betraten maskiert einen Spielsalon in Rupperswil, Schweiz, und bedrohten die Aufsicht mit einer Waffe. Doch die ältere Dame telefonierte gerade und konnte ihrem Bekannten am anderen Ende der Leitung noch unbemerkt zurufen: »Hol die Polizei, Überfall«, bevor die Männer der Frau das Telefon aus der Hand rissen und die Verbindung unterbrachen. Sie sammelten in aller Ruhe die Beute zusammen und flohen mit mehreren hundert Franken Bargeld. Vor der Spielhölle wurden sie allerdings schon von der Polizei erwartet. *Aargauer Zeitung / MLZ vom 22.04.2003*

Hut ab!

Eine ältere Frau wurde in Oakland, Kalifornien, von einem Mann überfallen. Er erbeutete die Handtasche und ein paar Ringe. Als er flüchtete, verlor er seinen Hut, der als Beweismittel sichergestellt wurde. Ein paar Tage später wurde eine Gegenüberstellung mit sieben Verdächtigen durchgeführt. Jeder Einzelne musste den Hut aufsetzen und sagen: »Gib mir dein ganzes Geld!« Die Frau konnte aber leider keinen der Verdächtigen sicher als Täter identifizieren. Die Gegenüberstellung wurde ergebnislos beendet. Doch als die Verdächtigen den Raum verließen, fragte einer von ihnen: »Kann ich jetzt meinen Hut wiederhaben?«

Butler, Ray, Rose, Crimes and Misdumbmeanors, S. 63

Die positive Identifizierung

In einem Einkaufszentrum in Brunswick, Georgia, wurde einer Frau die Handtasche geraubt. Kurze Zeit später nahm die Polizei einen Mann fest, auf den die Täterbeschreibung passte. Der Verdächtige wurde zum Tatort gefahren, auf dass die Frau ihn identifiziere. Am Einkaufszentrum angekommen wies der Polizist den Verdächtigen an auszusteigen und dem Opfer für eine positive Identifizierung gegenüberzutreten. Der Mann tat, wie ihm geheißen: Er stieg aus dem Streifenwagen, sah die Frau an und sagte zur Überraschung aller: »Ja, das ist sie, die Frau, die ich überfallen habe.«

Butler, Ray, Gregory, America's Dumbest Criminals, S. 19

Lange nicht gesehen ...

Timothy B. überfiel mit einem Messer bewaffnet ein Taco-Bell-Restaurant in Albuquerque und erbeutete 2.300 Dollar. Um seine Identität zu verbergen, trug er während des Überfalls eine Skimaske. Der Plan wäre auch aufgegangen, hätte er nicht einen der Taco-Bell-Angestellten beiseite genommen, seine Maske gelüftet und gesagt: »Ich bin's, Tim.« Es stellte sich heraus, dass Timothy B. früher bei Taco Bell gearbeitet hatte und die günstige Gelegenheit nutzen wollte, einem ehemaligen Kollegen »Hallo« zu sagen. Die Polizei konnte ihn wenig später festnehmen.

Albuquerque Journal vom 10.03.2001

Hauptsache, man hat die Hände frei

Ein 25-jähriger Räuber überfiel in Brüssel ein Warenhaus und erbeutete die Tageseinnahmen. Dann steckte er die Pistole, mit der er die Herausgabe des Geldes erzwungen hatte, zu der Beute in einen Sack, den er danach gründlich verschnürte. Die Angestellten hatten dann nur wenig Mühe, den Mann zu überwältigen.

Hamburger Morgenpost vom 17.11.2001

Bitte lächeln!

An den Tücken der Technik scheiterte ein Räuber in Bonn, der sich ausgerechnet die Handtasche einer 83-Jährigen ausgesucht hatte, die gerade in einem Fotoautomaten Passbilder machen ließ. Der junge Mann steckte seinen Kopf gerade in dem Moment in die Kabine, als der Automat sein erstes Bild schoss. Die rüstige Rentnerin konnte nicht nur ihre Handtasche retten, sondern den Beamten auch gleich ein Fahndungsfoto des Räubers in die Hand drücken.

Spiegel Nr. 1/1999, S.143

Geheimtipp Spezialhandschuhe

Um keine Fingerabdrücke zu hinterlassen, trug der 28-jährige John P. Wuchko bei einem Raubüberfall Chirurgenhandschuhe. Diese warf er nach dem Überfall weg. Die Polizei sammelte sie ein und fand Wuchkos Fingerabdrücke – sicher konserviert an der Handschuhinnenseite.

Minneapolis Star Tribune vom 28.07.1994

Kein Alkohol an Minderjährige

Mit einer Schrotflinte im Anschlag betrat ein junger Mann in Colorado Springs einen Krämerladen und forderte den Kassierer auf, die Tageseinnahmen in eine Tüte zu packen. Dieser tat, wie ihm geheißen. Noch während er das Geld in eine Einkaufstüte füllte, verlangte der Nachwuchsräuber von ihm, bei der Gelegenheit auch noch eine Flasche Scotch mit einzupacken. Diesen Wunsch musste der Kassierer ihm leider verweigern – schließlich sah der Räuber nicht so aus, als wäre er schon volljährig. Und damit hatte er den wunden Punkt des Räuberlehrlings getroffen – denn der so in seiner Ehre Gekränkte hatte nichts Eiligeres zu tun, als den ungläubigen Angestellten mithilfe seines Führerscheins von seiner Volljährigkeit zu überzeugen. Dieser warf einen kurzen Blick drauf – der Mann war tatsächlich über 21 – und packte auch noch eine Flasche

Scotch dazu. Danach rief er die Polizei und nannte den Beamten Namen und Anschrift des durstigen Räubers, der daraufhin schneller verhaftet wurde, als er die erbeutete Flasche leeren konnte …

www.unmoralische.de/kriminal2.htm

Showdown unter Profis

Eine Grundregel für einen bewaffneten Raubüberfall besagt, dass der Räuber die einzige bewaffnete Person am Tatort sein sollte. David Z., 33 Jahre, aus Renton, Washington, kannte diese Regel nicht und hatte sich als Ziel für seinen allerersten – und auch letzten – Raubüberfall ausgerechnet ein Waffengeschäft ausgesucht. Keine glückliche Wahl, wie er schnell herausfand. Um das Geschäft »H&J Leather & Firearms« überhaupt betreten zu können, musste der Mann einen Bogen um einen Streifenwagen machen, der vor dem Eingang abgestellt war. Der uniformierte Beamte stand gut sichtbar an der Ladentheke und trank einen Kaffee. Doch das alles konnte den Mann nicht abschrecken – er betrat den Laden, schrie »Hände hoch« und feuerte zur Bekräftigung seiner Absichten einige Kugeln in die Decke. Sekunden später hatten auch der Polizist, der Verkäufer und ein großer Teil der Kundschaft ihre Waffen gezückt und entfernten den Mann aus dem Genpool der Menschheit.

The Seattle Times vom 04.02.1990

Tauschgeschäfte

Ein Angestellter, der allein Nachtdienst in einem Late-Night-Shop in Houston, Texas, hatte, sah sich im Januar 1990 plötzlich einem Mann gegenüber, der gleich zwei Pistolen auf ihn richtete. »Wofür brauchst du zwei«, sagte er zu dem Räuber, »verkauf mir eine.« Der Ganove verlangte 100 Dollar und erhielt die Summe im Tausch gegen die Waffe gleich in bar ausgehändigt. Beim Verstauen der Waffe unter dem Tresen bediente der Verkäufer unauffällig einen Knopf, der die Ladentür verriegelte. Dann schwatzte er dem Räuber auch die zweite Pistole ab. Der erhielt den ausgehandelten Preis, schob die zweite Pistole über den Tresen und wollte gehen. Als er feststellte, dass er eingeschlossen war, bot der Verkäufer ihm an, ihn laufen zu lassen, wenn er das Geld wieder hergebe. Und tatsächlich gab er das Geld zurück. Der Verkäufer ließ ihn gehen – er dachte vermutlich, dass jemand, der so dämlich ist, noch früh genug hinter Gitter kommt.

Shepherd, America's Least Competent Criminals, S. 127

Je oller, je doller

Auf dem Parkplatz eines Supermarktes stellte eine ältere Dame fest, dass vier fremde Männer in ihrem Auto saßen. Sie zog eine Pistole aus ihrer Handtasche, richtete sie auf die Männer und forderte sie auf, sofort das Fahrzeug zu verlassen. Die vier Männer suchten ihr Heil in der Flucht vor der rabiaten Omi. Diese setzte sich zufrieden auf den Fahrersitz und versuchte, den Schlüssel ins Zündschloss zu stecken. Doch dieser wollte nicht passen. Kein Wunder, denn ihr Fahrzeug des gleichen Modells stand vier Parkbuchten weiter. Reumütig fuhr sie zur nächsten Polizeistation. Dort traf sie auch die vier bleichen jungen Männer wieder, die den Beamten gerade von der zunehmenden Seniorenkriminalität berichteten …

CRIMNEWS, Volume 5 Issue No. 45, 10.11.2001

Verhängnisvolles Misstrauen

Robert H. und David R. überfielen im Januar 2002 in Pennsylvania eine Frau, die nachts eine Geldbombe bei einer Bank einwerfen wollte. Robert H. wurde schnell als Täter ermittelt und ins York County Gefängnis geworfen. Die Polizei hatte David R. als Mittäter in Verdacht, da er durch Robert H. belastet wurde und zudem seine Fingerabdrücke im Fluchtwagen gefunden worden waren. Doch David R. blieb unauffindbar und wurde auf die Fahndungsliste gesetzt.

Als er von der Verhaftung seines Kumpels hörte, wollte er wissen, was Robert der Polizei über den gemeinsamen Raubüberfall ausgeplaudert hatte. Deshalb besuchte er ihn im Gefängnis. Die Polizei freute sich sehr über den Besuch, ersparte er ihr doch die weitere Fahndung. David R. wurde festgenommen und durfte gleich im Gefängnis bleiben.

www.dumbcrooks.com/February42002.htm

Ehrlich sitzt am längsten

Edwin G., 21 Jahre, wollte schon immer Polizist werden und bewarb sich bei der Polizei von Baltimore. Vor dem Vorstellungsgespräch musste er einen Fragebogen ausfüllen. In diesem kreuzte er in der Spalte »Haben Sie jemals Straftaten begangen?« die Antwort »Ja« an. Auf die erstaunte Nachfrage im Vorstellungsgespräch gab er ausführliche Beschreibungen einer Autoentführung und zweier Raubüberfälle auf insgesamt fünf Personen ab. Ein paar Telefonate ergaben, dass die Angaben des Bewerbers stimmten. Edwin G. durfte nach diesem freimütigen Geständnis bei der Polizei bleiben, allerdings in der Zelle.

Baltimore Sun vom 31.08.2001

3. »Zahlen Sie, oder wir ...«
Fehlgeschlagene Erpressungen

Der Vorteil der Methode »Erpressung« ist, dass der Täter die Erpressungssumme und damit die Beute selbst festlegen kann. Die Haftzeit dürfen die gescheiterten Erpresser dieses Kapitels allerdings nicht selbst festlegen, das erledigen die Justizpinguine für sie.

Keine Doppelbegabung

Beim Krimi-Schreiben kam ein Autor auf die Idee, mehrere Lebensmittelkonzerne zu erpressen. Er forderte per E-Mail jeweils 250.000 Euro von den Konzernen Karstadt-Quelle und Metro. Andernfalls, so drohte er, werde er Lebensmittel vergiften. Der Krimi-Autor fuhr nach Bremen, Dortmund, Bonn und Düsseldorf und versah dort in verschiedenen Konzernfilialen Gurken und Senfgläser mit Warnhinweisen. Sechs Tage vor der geplanten Geldübergabe wurde der Erpresser festgenommen. Die Polizei war ihm schnell auf die Spur gekommen, da er bei seiner Kontaktaufnahme mit den Lebensmittelkonzernen leichtsinnigerweise immer dieselben Internet-Cafés in der Kölner Innenstadt benutzt hatte. Die Fahnder konnten so die Absende-Orte und über diese den Täter ausfindig machen. Hoffentlich hat der Erpresser als Autor mehr kriminalistische Sachkunde.

Spiegel Nr. 29/2003, S. 60

Hassan, der Erpresser

Ein 51-jähriger Stuttgarter Geschäftsmann erhielt mehrfach Drohanrufe, in denen ein gewisser Hassan die Zahlung von 25.000 Mark forderte. Andernfalls würde der Geschäftsmann »kaputt« gemacht. Der Geschäftsmann nahm die Erpressung ernst und schaltete die Polizei ein. Nach langwierigen Ermittlungen machte diese den Täter ausfindig, der kleinlaut gestand. Beim Täter handelte es sich um ein zwölfjähriges Mädchen, dass dem Geschäftsmann jeweils eine Passage aus einer Krimi-Hörspielkassette vorgespielt hatte.

ddp nachrichtenagentur 27.06.2000

Faxenmacher

Saublöd stellten sich zwei Erpresser aus Sachsen an. Reinhard K. wollte zusammen mit seinem 27-jährigen Sohn eine Bank in Zwickau erpressen. Aus einem Postamt schickte das Duo ein Fax an die Banker: »Wir fordern 3,32 Millionen Mark. Zahlen Sie, sonst wird der Neubau Ihrer Filiale gesprengt.« Ein zweites Fax mit Termin und Ort für die Geldübergabe schoben sie später nach. Bevor es zu der heiß ersehnten Geldübergabe kam, stand die Polizei vor der Tür. Dummerweise hatten die Bankerpresser das zweite Fax vom eigenen Gerät zu Hause gesendet – komplett mit Absenderkennung.

Stern Nr. 43/1998, S. 72

Taube Nuss

Ein 36-jähriger Mann hatte 1996 in vier Erpresserbriefen an eine Supermarktkette damit gedroht, Lebensmittel zu vergiften oder Sprengstoff in einer Filiale zu platzieren, wenn die Geschäftsführung nicht eine Million Mark in Diamanten bezahle. Das große Problem aller Erpressungen ist die Geldübergabe, denn bei dieser muss der Erpresser den Schutz der Anonymität verlassen. Die Geldübergabe sollte deshalb trickreich durch seine Brieftauben bewerkstelligt werden. Der Erpresser deponierte am Ort der Geldübergabe eine Kiste mit acht Brieftauben, die kleine Leinenrucksäcke für die Diamanten bei sich trugen. Als die gefiederten Diamantenboten am Taubenschlag des Erpressers eintrafen, waren sie jedoch nicht allein: In ihrem Schlepptau hatten sie den Polizeihubschrauber Phönix zielsicher zum Erpresser geführt. Das Landgericht Hildesheim verurteilte den Taubenfreund wegen versuchter räuberischer Erpressung zu einer Haftstrafe von drei Jahren und sechs Monaten.

Deutsche Presse-Agentur vom 21.01.1997

Vor der Rechtschreibreform

Der Preis für den unfähigsten Erpresser geht an den 50-jährigen Invalidenrentner Egon D., der mit einer Erpressung seine mickrige Rente aufbessern wollte. Der nur 1,50 m große und in der deutschen Rechtschreibung nicht gerade bewanderte Mann warf folgenden handgeschriebenen Brief bei der Sparkasse ein:

»Wir möchten Sie Doch bitten ohne Polizei 50 000 MARG An der Hermann Hesse Str. Kaufhalle Hinder Den Imbiss China Absulegen biss heute 15.30 Uhr, sonst Steht das Haus in Flammen. Wier sind Mähre Leute.«

Hinter dem Imbiss wartete jedoch nicht die große Kohle, sondern die Polizei.

Stern Nr.18/1996, S.52

Staatlicher Pizzadienst

Erst gab es Streit, dann flog ein Fernseher aus der Essener Wohnung. Als die alarmierten Polizisten an der Tür von Schweißer Bernd S., 42 Jahre, klopften, öffnete dieser mit einer Pistole in der Hand. Hinter ihm standen die Schwester und seine Freundin. Erschrocken zogen sich die Beamten zurück. Kurz darauf rief die Freundin bei der Polizei an: »Also, wir sind Geiseln. Und nun brauchen wir Bier, Zigaretten, Korn und Pizza – mit ordentlich was drauf!« Um der Forderung Nachdruck zu verleihen, zerrte der Schweißer die Frauen ans Fenster und fuchtelte mit der Pistole herum. Wenig später rief der Mann an: »Wenn die Pizza nicht gleich da ist, knalle ich eine weg!«

Fünf Stunden kauerten 150 Polizisten vor der Wohnung – dann kam die Schwester herausspaziert. Die Beamten stürmten in die

Wohnung, wo »Gangster« und »Geisel« betrunken im Bett lagen. Es stellte sich heraus, dass die Geiselnahme vorgetäuscht und die Waffe eine Schreckschusspistole war. Der Preis der Pizza-Party: zwei Jahre Haft auf Bewährung wegen räuberischer Erpressung. Ein Anruf bei Joey's wäre für Bernd S. erheblich billiger gekommen.

Bild-Zeitung vom 08.04.1998

Erkauftes Schweigen

Der klassische Fall der Erpressung ist der Verkauf des Schweigens. In Seoul, Korea, schickte ein Erpresser namens Cho Briefe an Firmenbosse, in denen er ihnen mit der Veröffentlichung ihres Ehebruchs drohte, wenn sie ihm nicht ein Schweigegeld zahlen würden. Cho erhielt über 7.500 Dollar von neun Geschäftsführern. Ein paar der Erpressungsopfer jedoch zeigten Cho an, woraufhin er wegen Erpressung verhaftet wurde. Dabei war die Geschichte mit dem Ehebruch frei erfunden. Cho kannte keinen der Männer und hatte auch keinerlei Beweise irgendeines Ehebruchs. Er hatte die Briefe einfach an zufällig ausgewählte Firmenchefs geschickt – und war dabei auf eine überraschend große Zahl fremdgehender Männer gestoßen.

Korea Herald vom 28.06.2002

4. Wenn der Langfinger danebengreift
Seltsame Diebstähle

Besitz macht unfrei und Geld nicht glücklich. Wohlmeinende Diebe wollen deshalb den Besitzenden durch eine kleine Umverteilung zum Glück verhelfen. Trotz dieses guten Willens scheitern erstaunlich viele Nachwuchsganoven an dem Popeldelikt. Merke: Wer nicht einmal einen einfachen Ladendiebstahl als Einstieg zu Wege bringt, wird niemals ein guter Bankräuber werden.

Zu kurz gegriffen

Ein 18-jähriger Dieb versuchte auf einer Wuppertaler Kirmes, Stofftiere aus einem Plüschtier-Automaten zu stehlen. Dazu steckte er seinen ganzen Arm in den Automaten und blieb darin hängen. Der Automatenbetreiber ließ den Langfinger bis zum Eintreffen der Polizei zappeln.

taz vom 22.05.2002

Einsichtiger Schuhdieb

Ladendieb Sven B., 39 Jahre, hatte im Hamburger Schuhgeschäft »Görtz« zwei Schuhe geklaut. Kaum hatte er den Laden verlassen, fiel er Zivilfahndern auf und wurde festgenommen. Denn er hatte zwei linke Schuhe erwischt, und die auch noch in unterschiedlichen Größen. »Scheiße, bin ich blöde«, entfuhr es dem Schuhdieb bei der Festnahme.

Hamburger Morgenpost vom 22.07.2000

Der Wolf im Schafspelz

André M., 19 Jahre, zeigte der Polizei im Hamburger Hauptbahnhof einen Diebstahl an. Ganoven hätten ihm die Sozialhilfe und seine Bahnfahrkarte gestohlen. Womit André M. allerdings nicht rechnete: Als die Polizeibeamten die Anzeige aufnahmen, glichen sie routinemäßig auch seine Personalien ab – und stellten fest, dass der 19-Jährige selbst als Dieb mit Haftbefehl gesucht wird. Das »Opfer« landete noch am selben Tag in der Untersuchungshaftanstalt. Ob er dort eine Zelle zusammen mit dem »gewissenlosen Dieb« teilen durfte, ist nicht bekannt.

Hamburger Abendblatt vom 07.08.2002

Gedächtnislücke

Ein 32-jähriger Mann tauchte in einer Bar in Bremerhaven auf und wollte dort Damentops verkaufen, die er tags zuvor geklaut hatte. Doch die Barfrau rief kurzerhand die Polizei, die den Drogenabhängigen festnahm. Der Dieb hat bei der Auswahl seiner Kundin übersehen, dass er die 34 Jahre alte Bedienung erst drei Wochen zuvor überfallen und dabei 1.000 Euro erbeutet hatte.

Deutsche Presse-Agentur vom 18.04.2003

»Ich will auch ins Gefängnis!«

Eine Österreicherin besuchte ihren Bruder, der wegen Betrugs und Einbruchs in der Männerpension einsaß. Stolz erzählte sie ihm, dass sie in der Vorweihnachtszeit die Familientradition fortgeführt habe, indem sie bei 17 Ladendiebstählen Waren im Gesamtwert von 20.000 Schilling entwendet hätte. Dies hätte sie besser für sich behalten. Denn die den Besuch überwachende Justizwachbeamtin machte zwar einen gelangweilten und desinteressierten Eindruck, hatte aber aufmerksam zugehört und erstattete Anzeige. Bei einer Hausdurchsuchung wurde die Diebesbeute sichergestellt. Der Bruder wird in einem halben Jahr entlassen – zu diesem Zeitpunkt könnte seine Schwester gerade hinter Gitter wandern …

Kronen-Zeitung vom 11.01.2001

Das Rettungsfloß

In Seattle, Washington, stahlen ein paar Angestellte der Boeing-Flugzeugwerke ein großes Rettungsfloß, welches im Jumbojet benutzt wird. Sie brachten es zum Fluss und betätigten die automatische Aufblasvorrichtung. Doch die idyllische Flussfahrt wurde nach kurzer Zeit durch über dem Floß kreisende Hubschrauber der Küstenwache unterbrochen. Die Diebe hatten übersehen, dass gleichzeitig mit dem Aufblasen des Rettungsfloßes ein Notsender aktiviert wird. Sie arbeiten inzwischen nicht mehr bei Boeing.

www.dumbcriminalacts.com/acts.php?category=7&page=5

Schöne Erinnerung

Zwei Diebe hatten es in einem Fotogeschäft in Wien auf eine teure Digitalkamera abgesehen. Sie betraten den Laden, um ihre fertig entwickelten Urlaubsfotos abzuholen. Während der eine Gauner den Verkäufer auf diese Weise ablenkte, schnappte sich sein Komplize eine nagelneue Digitalkamera aus der Auslage. Beide flüchteten, vergaßen aber ihre Bilder. Da war es für das Opfer ein Leichtes, die Verdächtigen auf Anhieb wiederzuerkennen.

Kronen Zeitung vom 20.12.2002

Schwere Jungs

Die Brüder Werner und Richard D. wollten sechs Kupferpaneele im Wert von rund 20.000 Euro vom Gelände des Elektrostahlwerkes klauen. Die jeweils 300 Kilogramm schweren Kupferblöcke wollten sie mit einem etwa vier Meter langen Eisenkahn abtransportieren. Doch dieser war für den Transport von fast zwei Tonnen Metall völlig ungeeignet. Schon beim Aufladen des zweiten Paneels, zu dem die Männer einen Kran des Stahlwerks benutzten, sank das Boot unter der Last des Diebesguts und vor den Augen der verdutzten Ganoven.

Berliner Zeitung vom 05.09.2002

Gezielte Flucht

Zwei 42 und 28 Jahre alte Männer hatten in Einbeck aus einem Schaufenster ein Handy im Wert von 1.300 DM gestohlen und wurden vom Ladenbesitzer verfolgt. Auf ihrer Flucht kletterten sie über eine drei Meter hohe Mauer in einen Hof. Dort wurde einer der beiden Diebe festgenommen. Der zweite Täter konnte zunächst zurückklettern, wurde jedoch auf der anderen Seite vom Ladenbesitzer empfangen. Beide konnten gleich dableiben, denn bei dem Hof handelte es sich um den Innenhof des Gefängnisses in Einbeck. Dessen Insassen hatten die Aktion beobachtet und die Festnahme der beiden Neuzugänge mit schadenfrohem Gelächter und Beifall quittiert.

Süddeutsche Zeitung vom 03.09.1999

Fehlinvestition

Klaus, 23 Jahre, hatte einen genialen Plan. Er wollte die Aufmerksamkeit der Kassiererin im Supermarkt ablenken und dann in die Kasse greifen. Er ging also frühmorgens, weil es da noch leer war, mit dem gefüllten Einkaufskorb an die Kasse und legte einen 500-Mark-Schein vor.

Die Kassiererin nahm den 500-Mark-Schein, öffnete die Kasse, der Dieb schnappte sich das Geld und flüchtete. So früh am Morgen hatte die Kassiererin allerdings nur 163,50 DM eingenommen. Der Geschäftsführer beruhigte die entsetzte Kassiererin und beglückwünschte sie zu den Mehreinnahmen von 336,50 DM.

Gruhle, Das neue Lexikon der Niederlagen, S.35

»Wo kann man sich hier beschweren?«

Im April 1992 stahl ein junger Mann einem Polizeiinspektor an dessen Arbeitsplatz im elsässischen Mühlhausen die Brieftasche und wollte mit der darin befindlichen Kreditkarte sogleich Geld abheben. Aber der Automat zog die Karte ein. Darauf ging der Dieb frech zum Schalter, um sie wieder einzufordern. Als ihm dies verweigert wurde, eilte er empört zum Polizeirevier, um sich zu beschweren. Er wurde mit Handschellen empfangen.

taz vom 21.04. 1992

Schlechtes Timing

Zwei Männer hatten einen todsicheren Plan entwickelt, um Waren aus einem Wal-Mart in Muskegon, Michigan, zu stehlen. Auf ihrem Heimcomputer fertigten sie echt aussehende Wal-Mart-Quittungen über Waren im Wert von 2.000 Dollar. Sie gingen in den Markt, luden die Waren in einen Einkaufswagen und gingen zum Ausgang. Dort präsentierten sie dem Sicherheitsdienst stolz die gefälschten Quittungen. Doch so gut die Quittungen auch waren, die gerissenen Diebe hatten doch einen Fehler eingebaut: Sie wollten den Wachmann um 14:50 h passieren, während auf den Quittungen 15:03 h aufgedruckt war.

www.kooi.com/bozo/apr01.htm

Der Rest ist Trinkgeld

Ein Ladendieb probierte in einem Wal-Mart in Grand Rapids, Michigan, eine Jeans an. Sie gefiel ihm so gut, dass er sich entschloss, das Preisschild zu entfernen, die Hose anzubehalten und den Laden ohne Bezahlung zu verlassen. Die alte Jeans ließ er einfach liegen. Und was ist daran dämlich? Die gestohlene Jeans kostete im Sonderangebot nur 9,99 Dollar, während in der Hosentasche der alten Jeans 12,00 Dollar zurückblieben.

www.thebigshow.com/downloads/various/dcrk071701.html

Vom Umtausch ausgeschlossen

Eine Frau rief in einem holländischen Bekleidungsgeschäft an und fragte, ob sie eine ihr zu kleine Hose in eine größere umtauschen könne. Als die Frau zum Umtausch der Hose kam, wurde sie schon von der Polizei erwartet. Sie wurde verhaftet und wegen Diebstahls angeklagt. Die Verkäuferin hatte sich nämlich nicht erinnern können, die Hose in den letzten Tagen verkauft zu haben. Deshalb hatte sie sich die Videobänder der Überwachungskamera angesehen und den Ladendiebstahl der besagten Hose verfolgen können.

www.dumbcrooks.com/July82002.htm

Früh übt sich ...

Eine Frau mit einem Säugling in einem Kinderwagen wurde verdächtigt, in einem Kaufhaus in Pensacola, Florida, Goldketten gestohlen zu haben. Die Frau stritt unter Tränen jeden Diebstahl ab. Im Büro des Ladendetektivs wurden die Frau und die Windeltasche ergebnislos durchsucht. Der Ladendetektiv war sich seiner Sache aber sicher. Da fing das Baby an zu jammern und sich in die Windel zu greifen. Es zog drei Goldketten heraus und warf diese auf den Boden. Es wurden noch sechs weitere Goldketten in der Windel gefunden. Kommentar der Frau dazu mit Blick auf das Baby: »Er ist derjenige, der die Ketten gestohlen hat. Ich habe überhaupt nichts gemacht.«

Butler, Ray, Wanted! Dumb or Alive, S.24

Der Kunstbanause

Das Gemälde »Halbakt mit Blaumeise« des französischen Malers Gustave Courbet wurde zusammen mit anderen Bildern aus Privatbesitz in Belgien gestohlen. Der Täter fragte sich, wie viel das Bild wohl wert sein würde. Also bat er die Bayerische Staatsgemäldesammlung um Hilfe bei der Begutachtung seiner Beute. Die Kunsthistoriker erklärten ihm, das um 1860 entstandene Bild sei etwa eine Million Euro wert. Die Freude des Mannes währte aber nur kurz. Der Gemäldedieb hatte nämlich übersehen, dass die Kunsthistoriker nicht nur den Wert des Bildes kannten, sondern natürlich auch von dessen Diebstahl wussten. Die von ihnen alarmierten Polizisten nahmen den naiven Kunstdieb fest und beantragten Haftbefehl.

RP-Online vom 11.12.2002

Fußkrank

Eine Grundregel jeder Straftat besagt, dass man keine Spuren hinterlassen sollte. Durch eine besondere »Fußspur« sorgte ein Schuhdieb in Schwelm, Nordrhein-Westfalen, für seine Festnahme. Im Regal des Schuhgeschäfts ließ der 33-Jährige an Stelle der entwendeten Turnschuhe seine alten zurück. An den orthopädischen Einlegesohlen befand sich ein Aufkleber mit der Krankenkassennummer des Täters.

Frankfurter Rundschau vom 06.07.2002

5. Mitternachtsschlosser
Von glücklosen Einbrechern

Trottelige Einbrecher erleichtern der Polizei die Arbeit sehr. Sie bleiben in Lichtschächten stecken, schlafen am Tatort ein oder verlieren Personalausweise.

Zwischen Himmel und Hölle

Eine ganze Nacht lang hing der Gauner zwischen Himmel und Hölle. Um an die Rückseite eines Juweliergeschäftes zu kommen, in das er einsteigen wollte, balancierte Andreas Z. ausgerechnet über die mit Drahtgeflecht gesicherte Krokodilhalle des Berliner Zoos. Plötzlich rutschte er ab und landete in einem Baum, unter dem die gefräßigen Alligatoren ihre gierigen Mäuler aufrissen. Morgens brauchte die Polizei den abgestürzten Akrobaten nur noch aus dem Geäst zu pflücken. Die Gewahrsamszelle der Polizei muss ihm als wahre Erlösung erschienen sein.

Stern Nr. 18/1996, S. 52

So ein Käse!

In London hatte ein Mitternachtsschlosser erfolgreich ein Geschäft geknackt. Als er sich mit der Beute über das Dach davonstehlen wollte, verlor er jedoch das Gleichgewicht und stürzte durch ein Glasdach in das darunter liegende Restaurant – direkt auf den Käseteller zweier Gäste. Von dort flüchtete der 28-jährige Einbrecher zunächst, stellte sich aber später und bat wegen starker Rückenschmerzen um ärztliche Hilfe. Diese bekam er auch, allerdings im Haftkrankenhaus.

Hamburger Morgenpost vom 29.03.1999

Betriebsblind

Unbekannte Gauner scheiterten an dem mehr als 60 Jahre alten Tresor eines Hotels in Sellin auf Rügen. Laut Polizei hätten die Täter es ganz leicht haben können: Der Schlüssel lag im Nebenraum.

Hamburger Abendblatt vom 17.09.2003

Ungeduldige Diebe

Bei einem Einbruch in Schwerin stahlen drei Langfinger unter anderem eine Polaroidkamera, mit der sie sich noch am Tatort gegenseitig fotografierten. Weil aber auf den Bildern, die hinten aus dem Apparat surrten, nichts zu sehen war, schmissen die Ganoven sie achtlos in den Papierkorb. Sie wussten nicht, dass sich Polaroids erst in einigen Minuten entwickeln. Die Polizei freute sich sehr über die selbst gemachten Fahndungsfotos.

Stern Nr. 18/1996, S. 52

Buntbedruckte Scheine

Ein paar Panzerknacker brachen in den Babelsberger Filmpark ein. Aus einem Tresor des Filmstudios ließen sie insgesamt 220.000 Mark mitgehen. Zum Verhängnis wurde ihnen dann schlichter Spritmangel. Sie blieben auf der Autobahn A 9 nach Nürnberg liegen, wo der Wagen mit dem leeren Tank einer Polizeistreife auffiel. Die Beamten kontrollierten die Männer und nahmen sie fest. Viel Freude hätten die Einbrecher an den 220.000 Mark ohnehin nicht gehabt, denn nur 16.000 Mark davon waren echt. Die Blüten im Nennwert von 204.000 Mark waren für Dreharbeiten vorgesehen. Arbeitstitel des Films wird: »Fangt die Panzerknacker« gewesen sein.

Die Welt vom 15.01.2002

Horrorfilm im Supermarkt

Eine Verkäuferin, die morgens einen Rostocker Supermarkt aufschloss, wähnte sich in einem Horrorfilm: überall rote Schleifspuren zwischen zersplittertem Glas. Ein Mann lag mit blutrot befleckten Klamotten und einem gebrochenen Bein unter einer Kasse. Der Kerl war aber kein unschuldiges Opfer eines Supermarkt-Rippers, sondern höchstens eines seiner eigenen Schusseligkeit. Der betrunkene 23-jährige hatte nachts versucht, über die Dachluke in den Supermarkt einzusteigen. Dabei hatte der Klettermaxe das Gleichgewicht verloren und war 14 Meter tief in den Verkaufsraum direkt auf ein Regal mit Hunderten von Ketchup-Flaschen gestürzt. Er hatte vergebens den Ausgang gesucht und war dann eingepennt.

Stern Nr. 18/1996, S. 52

Aktion Alt gegen Neu

Ein 30-jähriger Berufsganove war in eine Wohnung in Euskirchen eingebrochen. Die Polizei konnte den Täter schnell ermitteln und noch am selben Tag festnehmen. Die Einbruchsarbeit war für ihn so anstrengend gewesen, dass er beim Durchwühlen der Räume und Schränke seine Jacke ausgezogen hatte. Dass ihm dabei ein alter Haftbefehl aus der Innentasche gerutscht war, bemerkte er nicht. So bekam er einen brandneuen.

Express vom 04.07.2001

Der Rubbellos-Weltmeister

Ein 26-jähriger Mann brach nachts in ein Lottogeschäft ein, wo er jedoch nur 70 DM Bargeld fand und deswegen auch noch 900 Rubbellose mitnahm. Er rubbelte wie ein Weltmeister und kam auf immerhin 73 Gewinnlose im Wert von insgesamt 140 Mark.

Am nächsten Tag wollte er die Rubbellose in einem anderen Lottogeschäft einlösen. Doch die vom Einbruchsopfer vorgewarnte Ladeninhaberin bat den Rubbelkönig unter einem Vorwand, er solle eine Stunde später wiederkommen und sich dann seinen Gewinn abholen. Als der vermeintliche Gewinner wie vereinbart zurück zu dem Geschäft kam, erwarteten ihn statt seines Gewinns zwei Polizeibeamte, die ihn umgehend festnahmen. Nach kurzem Leugnen gab der 26-Jährige zu, dass sein »Gewinn« aus dem nächtlichen Einbruch stammte. Es stehen Freiheitsstrafen von 6, 9 oder 12 Monaten zur Auswahl. Rubbeln Sie jetzt!

Passauer Neue Presse vom 22.09.1999

Tollpatschiger Dieb

Ein 20-jähriger, einschlägig vorbestrafter Mann brach in eine Wohnung in Köln ein. Als er ein Handy vom Schrank nahm, stolperte er und knallte gegen einen Tisch. Die Bewohner im Schlafzimmer fielen dadurch fast aus dem Bett. Der tollpatschige Dieb floh mit dem Handy über die Terrasse. Dort passierte das zweite Missgeschick: Er verlor ausgerechnet seinen Personalausweis. Über so viel Dummheit mussten selbst die Beamten lachen. Sie schnappten den Mann, der hinter Gitter kam. *Express vom 13.05.2003*

Prekäres Transportproblem

Ein dreister Einbrecher erbeutete in der Hamburger Innenstadt drei Espresso-Maschinen im Wert von knapp 5.000 Mark in einem Küchengeschäft. Als er nach kurzer Strecke schlapp machte, sprach er zwei Passanten an: »Nen Zwanni für euch, wenn ihr mir helft.« Doch die Herren lehnten dankbar ab, dem Täter die Sachen in seine Wohnung an der Reeperbahn zu schleppen. Der Dieb ließ eine Maschine stehen und fuhr mit zwei Geräten per S-Bahn nach Hause. Dort erwarteten ihn bereits Beamte der Davidwache. Die Passanten hatten das Ziel des Täters der Polizei mitgeteilt. Vertrauenswürdiger Blitzkurier für Diebesgut scheint eine echte Marktlücke zu sein. *Hamburger Morgenpost vom 27.06.2000*

Die gründlichen Safeknacker

Mit allerraffiniertestem Werkzeug ausgestattet machte sich eine Verbrecherbande aus Chichester daran, den Safe eines Spielkasinos zu knacken. Doch sosehr sie sich auch abmühten, sie bekamen den Safe einfach nicht auf und verließen den Tatort unverrichteter Dinge. Jemand hätte den glücklosen Panzerknackern vorher den Unterschied zwischen einem Schneidbrenner und einem Schweißbrenner erklären sollen. Mit ihrem Schweißbrenner jedenfalls erreichten sie das Gegenteil von dem Erhofften und schweißten die Safetür gründlich zu. Der Kasinodirektor sagte, sie hätten vorzügliche Arbeit geleistet: Um den Safe wieder zu öffnen, musste die Tür tags darauf drei Stunden lang mit Hammer und Meißel bearbeitet werden. *Pile, Nieten ohne Ende, S. 106*

Arschkarte für Panzerknacker

Zu übermütig wurde eine fünfköpfige Tresorknackerbande aus Berlin, die innerhalb eines Jahres bereits 31 Tresore aufgeschweißt hatte. Bei dem neuesten Coup ließ sich Bandenmitglied Michael Z. von hinten knipsen – mit heruntergelassener Hose. Das Polaroid-Bild deponierten die Gangster zum Hohn in den leeren Tresor. Das Hinterteil konnten die Polizisten nicht identifizieren, wohl aber den auffälligen Sportpullover, den der Fotografierte trug. Rasch hatten sie ermittelt, wo er gekauft wurde – und der Panzerknacker hatte mit Kreditkarte bezahlt. *Stern Nr. 18/1996, S. 52*

Bumerang-Effekt

Der Täter nahm einen Stein zur Hand, holte aus und warf ihn mit viel Schmackes in das Schaufenster einer Getränkehandlung in Arkansas, um anschließend, so hoffte er, mit einigen Flaschen Hochprozentigem das Weite suchen zu können. Doch der mit viel Energie geworfene Stein kam postwendend zurück und traf den verhinderten Dieb am Kopf, der wie vom Blitz gefällt sofort zu Boden ging. Ein Video-Überwachungssystem zeichnete den sportlichen Vorfall auf, und der Dieb konnte noch vor Wiedererlangen des Bewusstseins von der Polizei verhaftet werden. Der Steinewerfer hatte übersehen, dass die Schaufensterscheibe aus Plexiglas war, an der der Stein schlicht abprallte und zu ihm zurückflog.

www.unmoralische.de/kriminal.htm

Verhängnisvolle Eitelkeit

Kris L. hatte in Texas unter Lebensgefahr vier Kinder aus einem brennenden Wohnhaus gerettet – gegen den Rat von Feuerwehrleuten rannte er dreimal in den Apartmentblock. Der frisch gebackene Lokalheld konnte der Versuchung nicht widerstehen, auf einer Pressekonferenz in Abilene seine Tat ausführlich zu schildern. Sein Verhängnis: Auch örtliche Polizisten sahen der TV-Übertragung zu – und erkannten in dem 22-Jährigen einen gesuchten Einbrecher. Die Ordnungshüter reagierten rasch: Sofort nach seinen Interviews wurde Kris L. ins Gefängnis gebracht.

Hamburger Abendblatt vom 30.04.2003

Big Brother is Watching You

In Norwegen brach ein 44-jähriger Mann in eine Wohnung ein und erbeutete 6.500 Kronen (750 Euro) sowie zwei Flaschen Parfüm. Als er mit seinem Diebesgut das Weite suchen wollte, wurde er gestellt und vorläufig festgenommen. Bei seinem Einbruch war er in das Visier von gleich 17 Kameras geraten. Einen schlechteren Tatort für einen Wohnungseinbruch hätte der Einbrecher sich kaum aussuchen können, denn er war ausgerechnet in die für die Serie »Baren« (»Die Bar«) rund um die Uhr von 17 Kameras lückenlos überwachte Wohnung eingestiegen. Die Mitarbeiter des norwegischen TV-Senders TV3 staunten nicht schlecht, als sie einen Einbruch auf ihren Monitoren verfolgen konnten. Der ungewöhnliche Einbruch war live im Internet zu sehen und wurde am nächsten Tag im Fernsehen ausgestrahlt. Ob der unfreiwillige Fernsehstar dafür eine Gage bekommen hat, um sich wenigstens einen guten Anwalt nehmen zu können, ist nicht bekannt.

Deutsche Presse-Agentur 02.11.2000

Smart and Smelly

Ein angetrunkener Mann mit dem unverdienten Nachnamen Smart hatte sich im Dezember 1993 in seiner Heimatstadt Sunderland, England, entschlossen, einen Woolworth-Markt auszurauben. Auf der Suche nach einem handlichen Gegenstand zum Einschlagen der Scheibe verfiel er auf einen Gullydeckel. Nachdem er ihn in die Auslage geschleudert hatte, verlor er das Gleichgewicht, torkelte rückwärts – und fiel prompt in das soeben entdeckelte Gullyloch. Mit Schnittwunden und Quetschungen sowie nach Abwasser stinkend flüchtete er und nahm ein Taxi nach Hause, dessen Fahrer sich aber später mühelos an ihn und seine Adresse erinnern konnte. Im April 1994 erhielt er eine Bewährungsstrafe und wurde zu Schadenersatz verurteilt.

Fortean Times, The World's Stupidest Criminals, S. 46

Ein Sommernachtstraum

Ein Fassadenkletterer, der im Juli 1986 das Hotel Lecco in Mailand heimsuchte, war sich sicher, dass die Gäste morgens um drei schlafen würden, während er sich auf der Brüstung vor ihren Zimmern entlanghangelte und nach offenen Fenstern suchte. Allerdings fand dann eher das Fenster ihn als umgekehrt: Da es eine dieser unerträglich heißen und stickigen norditalienischen Sommernächte war, hatte ein Gast im vierten Stock das Bedürfnis nach mehr frischer Luft, öffnete das Fenster – und schubste damit den Klettermaxe Richtung Erdboden. Dort blieb der Hoteldieb mit zwei gebrochenen Beinen liegen.

Fortean Times, The World's Stupidest Criminals, S. 44

»Wir haben reserviert!«

Während der Abwesenheit der Hausbewohner wurde in ein Haus in Kentucky eingebrochen. Neben Geld, teurer Kleidung und Schmuck wurden auch Sitzplatzkarten für ein bevorstehendes Baseball-Spiel gestohlen. Die Polizei fragte sich, ob der Täter dumm genug sein würde, um bei dem Spiel zu erscheinen, und legte sich auf die Lauer. Und tatsächlich! Auf dem Sitzplatz des Einbruchsopfers saß der Mitternachtsschlosser, der sogar die Kleidung und den Schmuck aus dem Einbruch trug.

McKay, The World's Stupidest Criminals, S. 33

Seesäcke können nicht schwimmen

Edward B., 37 Jahre, brach in Tulsa, Oklahoma, in eine Wohnung ein. Er machte reiche Beute. In einem Seesack schleppte er Kameras, CDs und andere Sachen davon. Doch schon bald wurde er von der Polizei verfolgt. Um ihr zu entgehen, sprang er in den Arkansas-Fluss. Das war keine wirklich gute Idee, denn er wurde von der Diebesbeute im Seesack mit einem Gewicht von über 20 Kilogramm nach unten gezogen und ertrank. Er hätte besser auch ein paar Schwimmflügel geklaut.

www.dumbcrooks.com/week.html

Heimweh nach dem Knast

Ein Exsträfling lieferte prompt einen Grund dafür, gleich wieder in den Knast eingeliefert zu werden. Er brach in eine Kneipe ein, knackte mehrere Spielautomaten und türmte dann. So weit, so gut. Leider machte er einen Fehler und hinterließ versehentlich den Entlassungsschein aus dem Gefängnis. Im Gegenzug dafür erhielt er kurze Zeit später einen Haftbefehl samt neuem Aufnahmeersuchen für die Justizvollzugsanstalt.

Kölner Morgen vom 23.08.2000

Hallo, hier spricht Ihr Dieb

Nachdem Stanley Seewald der Polizei gemeldet hatte, dass in seine Wohnung in New York eingebrochen worden war, kam ihm die Idee, seine eigene Handynummer anzurufen. Der Einbrecher meldete sich und erklärte sich bereit, Seewald das Telefon für 80 Dollar zu verkaufen. Bei einem arrangierten Treffen wurde der 35-jährige Mann festgenommen. Die frische Beute ausgerechnet dem Diebstahlopfer zu verkaufen entspricht dem Dummheitsfaktor 10 auf der nach oben offenen Richterskala.

Associated Press vom 15.1.1999

Einbruch mit Schuss

Eine Kardinalregel des erfolgreichen Einbruchs ist, den Tatort mit der Beute möglichst schnell zu verlassen. Robert S., 35 Jahre, kannte diese Regel offenbar nicht. Er war wieder mal in ein Haus eingestiegen und sackte Bargeld und ein Fernrohr ein. Doch dann fiel sein Blick auf die Hausbar. Robert gönnte sich erst einmal einen Cointreau. Weil niemand kam, trank er genüsslich weiter – und schlief auf dem Sofa ein. Am nächsten Morgen rissen ihn Polizeibeamte aus dem Schlaf. Das Landgericht Aachen schenkte für den Bruch 14 Monate Knast nach.

Express vom 02.07.2002

Ungelöster Fall

Ein ungewöhnlicher Einbruch beschäftigt noch heute die britische Polizei: Einbrecher drangen in ein Gefängnis in Sussex ein. Warum, wissen nur die verwirrten Einbrecher. Der Einbruch fand in drei ungenutzten Teilen des Gefängnisses statt. Es gab dort weder etwas zu stehlen noch jemanden zu befreien.

Rhein-Zeitung vom 02.02.2002

»Du, die Wanne ist voll«

Als die Bewohner am Neujahrstag 2004 nach der Silvesterfeier in ihr Einfamilienhaus in Nettetal (Nordrhein-Westfalen) heimkehrten, fanden sie die Badezimmertür von innen verschlossen vor. Die herbeigerufenen Beamten brachen die Tür auf und fanden in der Badewanne einen nackten Einbrecher, der in aller Seelenruhe ein Vollbad nahm. Die Polizei führte den »sauberen« Einbrecher ab.

Hamburger Abendblatt vom 02.01.2004

6. Ungewöhnliche Beute

Was Ganoven so alles mitgehen lassen ...

Es ist schon bizarr, für welche Beute Banditen ihr Leben und ihre Freiheit aufs Spiel setzen. In diesem Kapitel finden Sie eine Auswahl der ungewöhnlichsten Beutestücke.

Echter Wüstensand

Unbekannte Diebe haben vom Expo-Gelände in Hannover 20 Tonnen echten Wüstensand aus den Vereinigten Arabischen Emiraten gestohlen. Das Land präsentierte sich auf dem Expogelände mit einem Wüstenfort und hatte den Sand speziell für diesen Zweck eingeflogen. Unklar ist, wie die Diebe die rund 600 Säcke unbemerkt abtransportieren konnten und was sie um alles in der Welt mit 20 Tonnen Wüstensand anfangen wollen.

Süddeutsche Zeitung vom 05.05.2000

Fetischisten am Strand

Die in Brasilien sehr bekannte Schauspielerin Bernadeth Lysio wurde am helllichten Tag an einem gut besuchten Nobelstrand in Rio de Janeiro ihrer in diesem Moment kostbarsten Habe beraubt. Unbekannte Diebe rissen dem 45-jährigen TV-Star inmitten einer Menschenmenge ihren Bikini vom Leib und verschwanden mit der Beute. Niemand half. Lysio dazu: »Das war sehr demütigend.« Erst Minuten später half ein Tourist der völlig Nackten mit einem Handtuch aus. Bei den Tätern handelt es sich mutmaßlich um Unterwäsche-Fetischisten, die eher etwas für die Klapsmühle als für die Strafanstalt sind.

Deutsche Presse-Agentur vom 20.10.2000

Ein Diebstahl zum Lachen

Ungewöhnliche Beute machten Langfinger in einer Recyclingfirma bei Elsterheide. Die Täter waren in der Nacht in eine Lagerhalle des Betriebes eingedrungen und hatten sechs Flaschen Lachgas gestohlen. Das komische Diebesgut hatte einen Wert von rund 3.500 Euro. Die Polizei sucht jetzt nach grundlos lachenden Verdächtigen.

ddp nachrichtenagentur 24.05.2002

Der große und der kleine Sack

In einem Postamt in Athen fanden Diebe zwei verschieden große Postsäcke. Selbstverständlich nahmen sie den größeren und schwereren Sack. Den kleineren Postsack mit 70.000 Euro Bargeld ließen die Diebe netterweise in der Postfiliale zurück. Leider befand sich in dem großen Sack nichts wirklich Wertvolles, sondern nur 400 Abschlussprüfungen von Schülern der Ionischen Inseln, die sich für die Universität bewerben wollten. Die armen Pennäler mussten die Prüfungen wiederholen.

Frankfurter Rundschau vom 13.06.2001

Grusel-Kabinett

Selbst vor einem kompletten Skelett machten die Diebe nicht Halt. Bei einem nächtlichen Schulbesuch in Troisdorf bei Bonn nahmen sie die Nachbildung mit. Die Polizei suchte anschließend Zeugen, »denen ein Skelett in Begleitung verdächtiger Personen aufgefallen ist«.

Ostthüringer Zeitung vom 04.01.2003

Geschmacksverirrung

Auch Folkloristisches lockt Einbrecher. Mit 90 gestohlenen Tiroler Sepplhüten in einem auffälligen Karton ist ein Gaunertrio in Waldbröl bei Köln den Beamten in die Arme gelaufen. Nachfragen ergaben, dass die Kopfbedeckungen bei einem nahe gelegenen Volksfest gestohlen worden waren.

Ostthüringer Zeitung vom 04.01.2003

Grillabend

Zwei Einbrecher in Braunschweig wurden regelrecht »verkohlt«. Statt eines Computers erbeuteten die Männer drei Säcke Grillholzkohle. Mitarbeiter des Geschäfts hatten nach einer Einbruchserie den Inhalt des Kartons ausgetauscht.

Ostthüringer Zeitung vom 04.01.2003

Fromme Diebe

Auf ungewöhnliche Beute hatten es drei Täter in Österreich bei einem Einbruch in eine Buchhandlung abgesehen. Sie stahlen fünf Bibeln und Betbücher. Wahrscheinlich wollten sie das siebte Gebot »Du sollst nicht stehlen« noch mal ganz in Ruhe nachlesen. Doch dazu kam es nicht, denn der Geschädigte konnte sich erinnern, dass sich die Beschuldigten für die Bücher interessiert hatten. Ob in dem Hotel mit Gitterblick, das für längere Zeit die neue Heimat des Trios sein wird, wohl Bibeln im Nachttisch ausliegen?

Kleine Zeitung 05.09.2002

Gut drauf mit Charlie

Im Oktober 2000 stiegen Einbrecher in ein Haus in Chadwell Heath, Essex, England, ein und fanden neben zwei Fernsehern, einem Videorecorder, einer Hi-Fi-Anlage und Schmuck ein Gefäß, das mit »Charlie« – dem Slang-Ausdruck für Kokain – beschriftet war. In dem Gefäß war auch tatsächlich weißes Pulver. Die hocherfreuten Kokser zogen Linien aus dem Pulver, rollten ihre 10-Pfund-Noten auf, steckten sie in das Pulver und zogen es sich heftig in die Nasen.

Dummerweise schnupften die Nasenbären kein Kokain, sondern die sterblichen Überreste des echten »Charlie«. Das urnenähnliche Gefäß enthielt die Asche des verstorbenen Neufundländers von Dee Blyth. Ob die Einbrecher durch die Asche high geworden sind, ist nicht bekannt.

The Sun vom 13.10.2000

Scheiß Beute!

Hollis Sharpe ging eines Nachts in Los Angeles mit ihrem Pudel spazieren, als sie von einem Straßenräuber angegriffen wurde. Sie wurde zu Boden gestoßen und gezwungen, ihre Handtasche herauszugeben. Doch die Freude des Räubers über die leichte Beute währte nicht lange. Denn in dem Handtäschchen waren nur eine Plastikschaufel und ein Plastikbeutel mit einem Hundehäufchen, das Miss Sharpe nach dem Geschäft ihres Pudels auf diese Weise entsorgt hatte.

www.clumsycrooks.com/morons-and-muggers.htm

Wütende Panzerknacker im Amtsgericht

Bei einem Einbruch in das Amtsgericht Wolfratshausen machten unbekannte Ganoven ungewöhnliche Beute. Die Panzerknacker drangen in das Gebäude ein und knackten einen 130 Kilogramm schweren Tresor mithilfe eines Winkelschleifers.

Der Lohn der harten Arbeit dürfte die Einbrecher jedoch überrascht und etwas verärgert haben: In dem Tresor befand sich nur wenig Bargeld, dafür aber Gerichtskostenmarken im Wert von mehr als 356.000 Mark. Mit diesen können Kläger die Gerichtsgebühren eines Zivilrechtsstreits entrichten. Offenbar planten die Ganoven nicht, eine Klagelawine vor dem Amtsgericht Wolfratshausen loszutreten, und so drückten sie ihre Wut über die unbrauchbare Beute auf ihre Weise aus: Sie versprühten zwei Feuerlöscher.

Süddeutsche Zeitung vom 11.09.1999

Impotente Einbrecher

Bei einem Einbruch in eine Apotheke in der Nähe von Hannover wurden aus einem Tresor Viagra-Tabletten im Verkaufswert von 360 Euro gestohlen. Von den nach Polizeiangaben »offensichtlich männlichen Tätern« fehlt jede Spur.

Deutsche Presse-Agentur vom 20.02.2002

Bitte ein Bit!

Bei einem Volksfest in Österreich wurde eine Bierflasche gestohlen – und zwar eine 3,5 Meter hohe, die dort für Werbezwecke aufgestellt und mittels Gebläse mit Luft gefüllt war. Die überdimensionale Beute wiegt etwa 50 Kilo und ist 2.000 Euro wert.

Neue Kronen Zeitung vom 24.05.2002

Hobby-Zahnärzte schlagen zu

Kuriose Beute machten unbekannte Einbrecher bei einem Salzburger Zahnarzt. Aus der Praxis entwendeten die Täter zwölf Zahnbohrer im Wert von 150.000 Schilling. Die Patienten der Do-it-yourself-Zahnbehandlung können einem Leid tun. Die Kostendämpfung im Gesundheitswesen treibt schon merkwürdige Blüten.

Salzburger Nachrichten vom 06.05.1998

Gangster mit Glatzen dringend gesucht

Ein haariger Fall beschäftigt die Polizei in Essen: Dort entwendeten Einbrecher aus einem Geschäft rund 100 Damenperücken. Dazu Toupets, Haarteile, einen Computer und ein wenig Bargeld. Die Diebe dürften Köpfchen haben – aber nur zum Frisieren.

Kleine Zeitung vom 12.11.2002

Mobilie

Ein ganzes Einfamilienhaus – samt Möbeln, Keller, Scheune und Wasserpumpe – wurde in Serbien gestohlen. Bis heute ist unklar, wie die Diebe das 140 Quadratmeter große, unterkellerte Haus aus der Innenstadt der 50.000 Einwohner großen Stadt Sabac unbemerkt abtragen konnten. Der seit mehreren Jahren als Gastarbeiter in Italien lebende Eigentümer fand bei seiner Heimkehr nur noch eine Wiese vor …

Deutsche Presse-Agentur vom 11.08.1999

Verdeckter Menschenraub

Weil sie sich keinen Sarg leisten konnten, wickelten zwei Moldawier ihre tote Oma in einen Teppich. Bei einer Pause auf dem Weg zur Bestattung wurde die Rolle vom Autodach gestohlen – samt Großmutter. Die Trauerfeier fand trotzdem statt. Gern stellt man sich die überraschten Gesichter der Diebe beim Ausrollen des Teppichs vor.

Hamburger Morgenpost vom 09.12.1999

7. Hoffentlich alle ganz versichert
Absurde Versicherungsbetrügereien

»Wenn alles für viel Geld versichert ist, muss man die Versicherung auch in Anspruch nehmen!«, denkt sich sogar der sonst brave Bürger. Doch viele stellen sich beim Volkssport Versicherungsbetrug derart ungeschickt an, dass statt des erwarteten Schecks die Ladung des Gerichts ins Haus flattert.

Verbohrt

»Einbrecher haben den ganzen Schmuck meiner Frau gestohlen« – mit diesen Worten empfing ein Wohnungseigentümer die Polizei und wies auf das aufgebohrte Zylinderschloss an der Wohnungstür. Ein Protokoll wurde aufgenommen, alles schien Routine. Bis ein Polizist das Schloss nochmals ansah: Es war von innen aufgebohrt. Bei der späteren Gerichtsverhandlung wollte der Richter den Grund dafür wissen. Der Hobbybastler: »Ich wollte die Nachbarn nicht stören!«

Ellermann, »... und wie läßt du hageln?«, S. 14

Klopfzeichen

Auch wer einen Dachschaden hat, braucht für den Spott nicht zu sorgen. Nach einem Hagelsturm, der seinen Wagen verschont hatte, schlug ein Autofahrer aus Luzern, Schweiz, unzählige Beulen ins Blech, um sich eine neue Lackierung von der Versicherung finanzieren zu lassen. Der Experte der Versicherung traute seinen Augen nicht, als er den angeblichen Hagelschaden sah. Die Beulen waren nach außen gewölbt, weil der Autobesitzer von innen ins Dach gehämmert hatte.

Facts Nr. 11 vom 13.03.1997, Seite 36

Die Leiche im Schrank

Die trauernde Witwe legte die Sterbeurkunde ihres angeblich in Teheran gestorbenen Mannes vor und verlangte die Auszahlung der Lebensversicherung von 320.000 Euro. Nachfragen in Teheran ergaben, dass der Mann zur fraglichen Zeit gar nicht dort gewesen war. Dafür war im Iran ein Stapel Blanko-Sterbeurkunden gestohlen worden. In der Wohnung des Ehepaares fand die Polizei den Totgesagten schließlich quicklebendig im Kleiderschrank. Die Gerichte werden zu klären haben, ob dem Fund tatsächlich eine echte Reinkarnation oder doch nur ein banaler Versicherungsbetrug zu Grunde lag.

Berliner Zeitung vom 16.11.1995

Der arme Uhu!

»Es war ein Wildunfall«, behauptete der kaskoversicherte Konrad R. aus Rosenheim und wies bei der Besichtigung demonstrativ auf die Stoßstange, an der Tierhaare klebten. Die Untersuchung ergab: Die Haare wiesen keine Blutspuren auf, sondern waren fein säuberlich einem Schäferhund abgeschnitten und mit Uhu an die Stoßstange geklebt worden.

Ellermann, »... und wie läßt du hageln?«, S.65

Testanruf

Technisch sauber ausgetrickst wurde ein 25-jähriger Niedersachse, der auf der Hamburger Davidwache den Diebstahl seines Handys anzeigen wollte. Das Gerät sei ihm samt seiner Brieftasche in einem Reeperbahn-Lokal geklaut worden – die Anzeige benötigte er zur Vorlage bei seiner Versicherung. Als der Mann wieder draußen war, wählten die pfiffigen Polizisten die Nummer des angeblich gestohlenen Handys. Über einen Monitor im Wachraum konnten sie sehen, wie der Niedersachse vor der Tür in seine Jacke griff, das Handy herausholte und ans Ohr hielt. Dumm gelaufen – die Taschenplärre wurde beschlagnahmt, und der Mann bekam eine Strafanzeige wegen Vortäuschung einer Straftat.

Stern Nr. 43/1998, S. 72

Radio-Beichte

In San Antonio, Texas, lief eine Radiosendung mit dem Titel »Was war Ihre größte Lüge?«. Humberto P., der sich »John« nannte, rief an und erzählte live von seinem Versicherungsbetrug. Er habe einen Freund überredet, seinen Lastwagen zu stehlen, und anschließend die Versicherungssumme kassiert. Dabei nannte er auch Details wie Zeit und Ort. Kurze Zeit später wurde er verhaftet. Er hatte nämlich nicht bedacht, dass auch das FBI die Sendung hörte. Humberto P. wartet jetzt im Gefängnis auf seinen Auftritt in der Sendung »Was war Ihre größte Dummheit?«

ABC News Online vom 16.08.2002

Verräterische Reste

Ein verschuldeter Boutiquenbesitzer wollte seiner Lebensversicherung den eigenen Tod vortäuschen. An der Brandstätte, einem alten Lagerhaus auf seinem Grundstück, fand man tatsächlich menschliche Knochen und seltsamerweise jede Menge Drähte. Ermittlungsergebnis: Der Versicherte hatte ein Skelett verbrannt, das er einige Tage zuvor einem benachbarten Arzt gestohlen hatte.

Ellermann, »… und wie läßt du hageln?«, S. 75

Verwechslungspech

»Ich melde hiermit den Diebstahl meines Fotoapparates Olympus A 2«, schrieb eine junge Frau an die Hamburger Polizei. Das teure Gerät sei aus dem Auto von Freunden gestohlen worden, als sie gerade zusammen auf dem Fischmarkt waren. Als Zeuge nannte sie ihre Bekannten in Lüneburg. Um sich abzusichern, schrieb sie auch denen einen Brief: »... hoffe ich, dass Ihr mir nicht böse seid, dass ich Eure Namen angegeben habe. Bald schreibe ich, wie alles gelaufen ist ...« Eine Kopie der Polizeianzeige legte sie bei. Doch es lief schlecht, denn die Betrügerin in spe verwechselte die Briefumschläge. Die Bekannten erhielten die offizielle Diebstahlanzeige, die Polizeibeamten das Bekennerschreiben ...

Ellermann, »... und wie läßt du hageln?«, S.97

Getunter Liebhaber

Ein ungewöhnlicher Fall von Versicherungsschwindel stand vor einem Gericht in New York zur Verhandlung: Die 43-jährige Jeane L. gab für eine Operation ihren Liebhaber André als ihren Ehemann aus, als dieser sich wegen Potenzproblemen bei einem Urologen und in einem Krankenhaus behandeln ließ. Ein teures Penis-Implantat sollte den jungen Liebhaber wieder auf Vordermann bringen. Der Schwindel flog auf, als dem gehörnten Ehemann Rechnungen über die Penisoperation ins Haus flatterten. Sieben Jahre Haft dürfen sie beiden nun absitzen. Warum sich Jeane ausgerechnet einen impotenten Liebhaber gesucht hat, ist nicht bekannt.

Neue Kärntner Tageszeitung vom 16.06.1999

Das kommt mir spanisch vor

Bettina B. hatte im Mexiko-Urlaub ihr Reisekonto kräftig überzogen. Wieder in Deutschland wollte sie deshalb mit gefälschten Arztrechnungen ihre Krankenversicherung betrügen. Doch die von ihr eingereichten Arztrechnungen erwiesen sich als Strafzettel für Falschparker. Die nicht spanisch sprechende Frau war auf einen »Rechnungsverkäufer« hereingefallen. Das Strafurteil wegen Versicherungsbetrug gab es dann wieder auf Deutsch.

Ellermann, »... und wie läßt du hageln?«, S.89

Einbruch auf Bestellung

Ein von einem pensionierten Versicherungsvertreter gemanagter »Einbruch-Service« schickte im Auftrag der zukünftigen »Opfer« professionelle »Miet-Einbrecher« in die eigenen Wohnungen und Einfamilienhäuser in Nordrhein-Westfalen und in Rheinland-Pfalz. Nach den Schein-Einbrüchen kassierten die angeblichen »Opfer« von ihren Versicherungen jeweils bis zu 100.000 Euro Entschädigung. Die Nachweise für die angeblich gestohlenen Wertgegenstände – gefälschte oder verfälschte Kaufbelege – beschaffte ebenfalls der Rundum-Service. Der »Einbruch-Service« war dann über Fixum und Provision an der Beute aus dem Versicherungsbetrug beteiligt.

Dem Unternehmen wurde sein Expansionsdrang zum Verhängnis. Zunächst hatte man nur gute Bekannte als Kunden angenommen. Als man bei der Kundenwerbung den Bekanntenkreis verließ, landete ein Angebot schließlich an der falschen Adresse. Die Polizei bat den Hinweisgeber, zum Schein auf das Angebot einzugehen. Als der gemietete Einbrecher mit seiner Assistentin in der Wohnung erschien, wartete dort schon die Kripo. Als Nächstes hätte der »Einbruch-Service« wahrscheinlich einen Eintrag in den »Gelben Seiten« geschaltet.

Welt am Sonntag vom 09.08.1998

8. Hasch-Puppies
Verrücktes aus der Welt des Drogenhandels

Drogen sind bekanntlich etwas für Leute, die mit der Realität nicht zurechtkommen. Den Dealern, Rauschgiftbauern und Schmugglern dieses Kapitels fehlt folgerichtig eine realistische Einschätzung der Gefahren ihres kriminellen Tuns, was sie recht zuverlässig hinter Gitter bringt.

Ham wir jelacht!

Der 19-jährige Dealer hatte gerade an drei Konsumenten Rauschgift verkauft, als sein 18-jähriger Kollege ihn mit dem Spruch »Police, you are arrestet« hochnahm. Nach einer Schrecksekunde erkannte der den Dealer und lachte. Minuten später traten zwei Männer an das Dealer-Duo heran und sagten: »Police, you are arrested.« Jetzt schütteten sich beide Dealer vor Lachen aus. Erst als die Fahnder Ausweise zeigten, begriffen sie die Situation. Nach einem Handgemenge wurden sie festgenommen.

Hamburger Morgenpost vom 06.02.2001

Miese Qualität

Ein wütender Mann ging in Atlanta, Georgia, in eine Polizeistation und warf ein Päckchen Crack auf den Tisch. Er erzählte dem Polizeibeamten, dass es sich um eine ganz miese Qualität handele, und verlangte, dass der Dealer, von dem er es gekauft hatte, eingesperrt werde! Statt dieser Forderung nachzukommen, verpasste der Polizist ihm erst einmal eine Anzeige wegen Drogenbesitzes.

Fortean Times, The World's Stupidest Criminals, S. 81

Verhängnisvoller Ölwechsel

Amy B. wurde in San Antonio, Texas, verhaftet, nachdem ein Mechaniker unter der Motorhaube ihres Wagens 18 Päckchen mit Marihuana gefunden hatte. Die Frau, die wegen eines Ölwechsels in die Werkstatt fuhr, hatte nicht gewusst, dass man dafür die Motorhaube öffnen musste …

San Antonio Sun vom 12.06.1996

Mit dem Leben bezahlt

Der Drogenkriminelle Fernando V. hatte eine Briefbombe an die kolumbianische US-Botschaft geschickt. Korrekt, wie er war, vermerkte er seinen Absender auf dem Paket. Er hatte jedoch am Porto gespart, weshalb die US-Botschaft die Annahme verweigerte. Warum er ausgerechnet auf der Toilette saß, als er das retournierte Paket öffnete, konnte der Kokser der Nachwelt nicht mehr mitteilen.

Spiegel Nr. 1/1999, S. 143

Der aufrichtige Drogenhändler

Norman H., 22 Jahre, aus Vermont war wegen Drogenhandels angeklagt. Er bestritt die Tat und plädierte auf unschuldig. Als er den Antrag auf einen Anwalt auf Krankenschein ausfüllte, wurde in dem Formular auch nach dem Beruf gefragt. Norman schrieb: »Drogenhändler«. Seine Aufrichtigkeit sollte wenigstens strafmildernd berücksichtigt werden.

Associated Press vom 29.12.1999

Der vergessliche Junkie

Drogen können vergesslich machen. Doch das hatte ein Süchtiger in Essen wohl gerade vergessen, als er aus Langeweile die Beamten einer mobilen Wache ansprach: »Habt ihr nichts zu tun? Wollt ihr mich mal überprüfen?« Die freundlichen Beamten taten ihm den

Gefallen, wurden dann aber schnell förmlich. Denn die Polizisten fanden heraus, was der Junkie offenbar schon vergessen hatte – nämlich, dass er mit zwei Haftbefehlen gesucht wurde und noch 349 Tage Haft zu verbüßen hatte. Bei so viel Dummheit half auch keine schnelle Flucht mehr …

Thüringer Allgemeine vom 19.06.2000

Tu mal lieber die Möhrchen

Zwei Männer hatten frisches Marihuana und wollten es trocknen. Sie fuhren zu einer Tankstelle in Chattanooga, Tennessee, weil diese ein für Kunden zugängliches Mikrowellengerät hatte. Vor der Tankstelle stand ein Streifenwagen, was die beiden aber nicht weiter störte. Einer der Männer legte den Beutel mit mehreren hundert Gramm Marihuana in die Mikrowelle und drückte den Startknopf. Nach wenigen Sekunden füllte sich die Tankstelle mit dem Aroma von Marihuana. Der Polizist Ashley hatte die ganze Szene beobachtet, während er seinen Kaffee trank. Er ging zu dem Mann und fragte ihn, was er dort mache. Dieser antwortete mit reinem Gewissen: »Ich versuche Marihuana zu trocknen.« Die beiden Männer wurden festgenommen. »Marihuana ist nicht gut«, sang schon Helge Schneider in seinem Möhrchen-Lied.

www.newschannel9.com/vnews/topstories/1035584622/

Marketing für Drogenhändler

Zwei Drogenhändler verkauften Drogen in unmittelbarer Nähe einer Schule in Belton, Missouri. Ein verdeckter Ermittler der Polizei bestellte bei ihnen telefonisch Marihuana, ging zum vereinbarten Treffpunkt und nahm beide fest. Ihnen drohen jeweils mindestens 10 Jahre Haft wegen Drogenhandels in Schulnähe. Die Polizei war ihnen auf die Schliche gekommen, weil sie Visitenkarten an die Schüler verteilt hatten. Neben dem Firmennamen waren darauf eine Faust mit einem Bündel Geldscheinen und ein Marihuanablatt abgebildet. Und natürlich die Telefonnummer, unter der man die heiße Ware ordern konnte.

The Kansas City Star vom 20.11.2001

Pfänderspiel

Ein Autofahrer in Koblenz konnte die Tankrechnung nicht bezahlen. Nachdem er an der Kasse einer Tankstelle bemerkte, dass das Geld nicht ausreichte, hinterlegte der 28-Jährige seine Geldbörse als Sicherheit. Doch eins hatte der klamme Kunde übersehen: das Heroin-Briefchen aus Alufolie, welches von der Kassiererin bei der genaueren Durchsicht der Geldbörse entdeckt wurde. Sie rief die Polizei.

Rhein-Zeitung vom 14.12.2002

Mietfrei wohnen

Die Drogengeschäfte des in Hamburg lebenden 21-jährigen Nihat H. liefen prächtig. Doch eines Tages erschien der Gerichtsvollzieher zur Zwangsräumung und staunte nicht schlecht. In der Wohnung des Drogendealers fand er insgesamt 27 Kilo Haschisch und ein Kilo Marihuana im Gesamtwert von 150.000 Euro sowie 18.000 Euro Drogengeld. Nihat H. wurde daraufhin festgenommen und kam in U-Haft. Er hatte schlicht übersehen, dass auch Drogenhändler ihre Miete zahlen müssen. Doch die Geschichte hat für Nihat H. ein tröstliches Ende: Die Justiz wird ihm für lange Zeit mietfreies Wohnen im Staatshotel garantieren können.

Hamburger Morgenpost vom 28.10.2000

Der Scheindeal

Zwei Männer trafen sich in Salzburg, um einen Drogendeal abzuwickeln. Rund 600 Gramm Heroin sollten für 500.000 Schilling den Besitzer wechseln. Der Coup schien gelungen. Doch nur wenige Minuten später schlugen die Einsatzkräfte der Polizei zu und verhafteten den Verkäufer, einen 34-jährigen Tunesier. Nun wird es verwirrend. Das angebliche Heroin war eigentlich nur Henna. Der Tunesier – ein Informant der lokalen Suchtgifttruppe – wollte seinen Käufer auffliegen lassen. Doch dieser war ein verdeckter Ermittler. Obwohl sich bei dem »Scheindeal« ein Informant und ein V-Mann gegenüberstanden, wurde der Tunesier angeklagt. »Normal ist das nicht«, meinte der Richter und sprach den Tunesier frei.

Salzburger Nachrichten vom 10.04.1998

Körbchengröße K

Drogenschmugglerin Renate Y. wollte am Düsseldorfer Flughafen 1,6 Kilo Koks einschleusen. Doch die Zöllner wurden auf sie aufmerksam und entdeckten das Kokain. Und so stand die ehemalige Altenpflegerin bald vor Gericht. Zwei Jahre auf Bewährung gab es für den Drogenschmuggel. Sie hatte geglaubt, besonders pfiffig zu sein, und hatte sich den Stoff im Mieder eingenäht. Doch gerade die ungewöhnlich große Oberweite hatte die aufmerksamen Blicke der Zöllner am Düsseldorfer Flughafen auf sich gezogen.

Express vom 22.04.2002

9. Vermindert schuldfähig
Geistesgestörte Kriminelle und hirnrissige Verbrechen

Manchmal schlägt einfache Dummheit in nackten Wahnsinn um. Die Täter dieses Kapitels sind eher Kandidaten für die Klapsmühle als für das Gefängnis …

Der Froschkönig

Ein 21-jähriger Neuseeländer stürmte im März 1996 eine Radiostation in Wanganui, Neuseeland, nahm den Chefredakteur als Geisel und verlangte, dass ein Lied von Kermit dem Frosch gespielt werde. Um genau zu sein: Er forderte, dass das Lied »Rainbow Connection« 12 Stunden lang ununterbrochen gespielt werde. Da der Muppet-Fan behauptete, eine Bombe zu haben, riegelte die Polizei das Gebäude ab und evakuierte die Nachbarhäuser. Schließlich wurde klar, dass er bluffte. Das Gebäude wurde gestürmt und der junge Wilde wurde festgenommen.

Fortean Times, The World's Stupidest Criminals, S. 93

Der Botschafter vom Stern Sirius

A. erzählte der ihm hörigen B., er sei ein Bewohner des Sterns Sirius und könne ihr zu einem neuen Leben auf einem anderen Himmelskörper verhelfen, wenn sie sich von ihrem alten Körper trenne. Sie solle sich in die Badewanne setzen und einen eingeschalteten Fön in das Badewasser fallen lassen. In einem roten Raum am Genfer See stehe für sie ein neuer Körper bereit, in welchem sie nach ihrem scheinbaren Unfall erwachen werde. A. hatte eine ganz irdische Motivation für den vorgeschlagenen Badewannentod: B. hatte zu Gunsten der A. eine Lebensversicherung über 125.000 Euro, bei Unfalltod sogar 250.000 Euro, abgeschlossen. B.

jedenfalls glaubte ihm und ließ den Fön in der Hoffnung ins Wasser fallen, sofort in ihrem neuen Körper zu erwachen. Der tödliche Stromstoß blieb jedoch aus, weil der Fön nicht richtig funktionierte.

Das Landgericht Baden-Baden verurteilte den Sirianer wegen versuchten Mordes zu 7 Jahren Freiheitsstrafe, da er den Tod der B. aus Habgier herbeiführen wollte. Der Bundesgerichtshof bestätigte das Urteil. Die Anwendung deutschen Rechts auf Bewohner des Sternes Sirius ergibt sich übrigens aus § 3 StGB.

Urteil des Bundesgerichtshofs vom 5. Juli 1983, BGHSt 32 Seite 38

Das Boot

Ein arbeitsloser Versicherungsvertreter schwindelte einem Geschäftsmann in St. Louis vor, er plane ein U-Boot zu stehlen und suche Investoren für den Coup. Ein Atom-U-Boot in die Hände zu bekommen sei gar nicht so schwierig, versicherte er dem potenziellen Investor. Er sei der Kopf einer Bande, die geplant hätte, das U-Boot zu entführen, wenn es aus dem Hafen auslaufe. Für 150 Millionen Dollar »in kleinen Scheinen« solle das U-Boot dann an die Mafia verkauft werden. Der Geschäftsmann glaubte kein Wort und rief das FBI.

Shepherd, America's Least Competent Criminals, S. 63

Bitte fessle mich!

Ein Mann drang nachts mit einem Messer bewaffnet in das Schlafzimmer einer jungen Frau ein. Diese wachte auf, erschrak und schrie. Vor Schreck ließ der Mann sein Messer fallen. Dann setzte er sich neben die Frau aufs Bett und holte ein paar Handschellen heraus. Er erzählte ihr, er würde sie schon seit Monaten beobachten und sei ganz vernarrt in sie. Er sei besessen von einer sexuellen Fantasie, in der sie ihn ans Bett fesseln, einen langsamen Striptease hinlegen und ihn die ganze Nacht lang leidenschaftlich lieben würde.

Die Frau schaltete schnell und ging zum Schein darauf ein. Der Mann zog sich auf ihr Geheiß aus und ließ sich mit den Handschellen ans Bett fesseln. Die Frau rief dann vom Wohnzimmer aus die Polizei, die den Möchtegern-Sittenstrolch nackt und bereits gefesselt festnehmen konnte.

www.angelfire.com/tx4/survivorhaven/ april2001/stupid.html

Der Katzenkönig

A. und B. hatten dem leicht beeinflussbaren R. eingeredet, ein die Menschheit bedrohender Katzenkönig verlange ein Menschenopfer. Deshalb solle er Annemarie N. töten, weil sonst Millionen von Menschen sterben müssten. Seine Bedenken sollten zerstreut werden, indem die beiden Katzenkönigsjünger von einem göttlichen Auftrag sprachen, durch dessen Erfüllung R. die Menschheit retten könne. Daraufhin suchte R. die Frau auf und versuchte mehrfach – zum Glück erfolglos – mit einem Messer auf sie einzustechen.

R. wurde wegen versuchten heimtückischen Mordes verurteilt. Das Gericht meinte, bei R. handelt es sich um eine »hoch abnorme Persönlichkeit«, die »neurotisch tiefgreifend gestört und deformiert« sei. Gleichwohl bejahte das Gericht die Schuldfähigkeit des Angeklagten. Dreiviertel bekloppt zu sein reicht halt nicht für den Freifahrtschein in die Psychiatrie.

Urteil des Bundesgerichtshofs vom 15.09.1988, BGHSt 35 Seite 347

10. Münchhausens heile Welt
Unsinnige Alibis, dämliche Ausreden und gescheiterte Verteidigungen

Echte Dummheit endet nicht mit dem gescheiterten Coup und der Festnahme. Dem intellektuell minderbegabten Verbrecher ist es ein Leichtes, seine prekäre Lage durch haarsträubende Einlassungen noch zu verschlimmern.

Schlechtes Alibi

Ein Mann wurde angeklagt, ein Juweliergeschäft in Liège, Belgien, ausgeraubt zu haben. Der Angeklagte bestritt die Tat. In der Gerichtsverhandlung präsentierte er dem Richter ein wasserdichtes Alibi: »Euer Ehren, ich kann den Juwelierladen gar nicht ausgeraubt haben, weil ich nämlich an diesem Tag zu dieser Zeit gerade einen Einbruch in eine Schule begangen habe.«

Die weiteren Ermittlungen bestätigten das »Alibi«. Die Anklage wegen des Juwelier-Überfalls wurde fallen gelassen, dafür erfolgte seine Verhaftung wegen des Schuleinbruchs.

Butler, Ray, The World's Dumbest Criminals, S. 50

Der Gnadenschuss

Der 34-jährige Graham D. wurde von einem Gericht in Soldotna, Alaska, des Mordes an seinem Cousin Gregory W. für schuldig befunden, da seine Version des Tathergangs die Geschworenen nicht überzeugen konnte. »Euer Ehren, ich wurde durch einen Schuss aus dem Schlaf gerissen. Als ich nach dem Rechten sah, fand ich meinen Cousin schwer verletzt auf dem Fußboden liegen. Er war so schwer verletzt, dass der Notarzt nichts mehr hätte ausrichten können. Also habe ich ihm den Gnadenschuss versetzt, um ihn von seinen Leiden zu erlösen. Ich denke, dass das die menschlichste Lösung war.«

www.ruhrlink.de/gansel/ausreden.htm

Klau zur Übung

Der Hollywoodstar Winona Ryder wurde wegen Diebstahls von Designer-Kleidung im Wert von 5.560 Dollar im vornehmen Kaufhaus Saks Fifth Avenue in Beverly Hills angeklagt. Ryder behauptete, sie habe mit dem Diebstahl nur für eine Rolle üben wollen: »Mein Regisseur hat mich angewiesen, einen Ladendiebstahl zu begehen, als Übung für eine Rolle als Kleptomanin, auf die ich mich vorbereite.« Doch die Jury schluckte die Geschichte nicht, denn der Regisseur, der ihr diesen Auftrag erteilt haben sollte, wurde nie gefunden. Das Gericht in Beverly Hills verhängte gegen die Schauspielerin eine dreijährige Bewährungsstrafe.

Spiegel Online vom 29.10.2002, 06.11.2002 und 06.12.2002

Mahlzeit!

Die mexikanischen Schwestern Delfina und Maria G. wurden 1964 festgenommen und des Mordes angeklagt, als die Polizei auf dem Gelände ihres Bordells die sterblichen Überreste von mindestens 80 Mädchen fand. Als man sie um eine Erklärung dafür bat, antwortete eine der beiden: »Vielleicht haben sie das Essen nicht vertragen.«

Shaw, Das Lexikon der Geschmacklosigkeiten, S.359

»Mein Name ist Hase!«

Richard R., 41 Jahre, überfiel mit einer Pistole bewaffnet zweimal kurz hintereinander eine Bank in Florida. Zwischen den Scheinen war jedoch eine kleine Farbpackung versteckt, die seine Hände rot färbte. Weil die Täterbeschreibung auf ihn passte, suchte die Polizei ihn zu Hause auf. Er bestritt, irgendetwas mit den Banküberfällen zu tun zu haben. Auf seine roten Hände angesprochen, schwor er, dass die rote Tinte vom Bemalen von Ostereiern stammt. Er wurde trotzdem verhaftet.

Associated Press vom 22.04.2003

Verschlimmbessert

Ein Mann wurde wegen Diebstahls eines Videorecorders angeklagt, was wegen des Wertes der Diebesbeute von unter 200 Dollar nur ein Vergehen darstellt. Er sagte dem Richter: »Ich plädiere auf nicht schuldig, Euer Ehren. Der Besitzer hat mir den Recorder freiwillig gegeben, weil er mir für Crack noch etwas schuldete.« Das war keine so clevere Ausrede, weil Drogenhandel ein Verbrechen ist, das eine erheblich längere Haftzeit nach sich zieht.

www.dumbcrooks.com/July242000.htm

Tödlicher Romanentwurf

Robert R. wurde des Mordes an seiner Frau angeklagt. Zum Belastungsmaterial zählte eine Computerdiskette, die mit »Mord« beschriftet war. Auf ihr fanden sich Textdateien wie zum Beispiel: »Wie töte ich sie?«, »Was mache ich mit der Leiche?« und »Lasse es aussehen, als ob sie dich verlassen hat«. Als man ihm in der Gerichtsverhandlung diese »Anleitung zum Mord« vorhielt, sagte er, diese Dateien seien alle Teil eines Kriminalromans, den er gerade schreibe. Das letzte Kapitel des Krimis wird die Justiz für ihn schreiben: »Mein Leben in der Todeszelle«.

Shepherd, America's Least Competent Criminals, S. 46

Spielfeld

Der Polizei wurde ein Einbruch in den Aldi-Markt in Altenburg gemeldet. Die Beamten fanden einen Einbrecher auf dem Dach vor. Der andere war durchs Dach gebrochen und im Gebälk eingeklemmt, sodass die Feuerwehr gerufen werden musste, um ihn zu befreien. Die polizeibekannten jungen Männer gaben an, dass sie auf dem Dach Fußball spielen wollten. Diese etwas dumme Ausrede half ihnen nichts, sie wurden vorläufig festgenommen.

Ostthüringer Zeitung vom 19.12.2000

Wie rede ich mich um Kopf und Kragen?

Dennis N. war wegen bewaffneten Raubüberfalls auf eine Tankstelle vor einem Gericht in Oklahoma City angeklagt. Neben ihm saß seine Pflichtverteidigerin. Die Tankstellenangestellte zeigte mit dem Finger auf Dennis N. und identifizierte ihn als den Räuber. Statt nun seiner Verteidigerin die Zeugenbefragung zu überlassen, sprang er auf und nannte die Angestellte eine Lügnerin. Er fügte hinzu: »Ich hätte dir deinen verdammten Schädel wegblasen sollen« – lange Pause –, »wenn ich derjenige gewesen wäre, der da war.« Die Geschworenen sprachen ihn nach 20-minütiger Beratung schuldig und empfahlen eine 30-jährige Freiheitsstrafe.

Shepherd, America's Least Competent Criminals, S. 116

Der wieder auferstandene Tote

In einem Mordprozess ohne Leiche hielt der Verteidiger ein flammendes Schlussplädoyer. Er nahm mit einer dramatischen Geste seine Armbanduhr ab und sagte: »Ich habe erstaunliche Neuigkeiten für Sie. Wir haben das angebliche Opfer des Mordes gefunden. Er lebt und ist wohlauf. In genau einer Minute wird er durch diese Tür in den Gerichtssaal kommen.« Alles schaute gebannt zur Tür, doch niemand erschien. Da sagte der Anwalt: »Allein die schlichte Tatsache, dass Sie alle zur Tür geschaut haben, zeigt, dass Sie vernünftige Zweifel daran haben, ob tatsächlich ein Mord begangen worden ist.«

Die Jury sprach den Angeklagten trotz dieses Verteidigertricks nach nur zehnminütiger Beratung schuldig. Zwei Männer hatten nämlich nicht zur Tür geschaut: Ein aufmerksamer Geschworener – und der von diesem beobachtete Angeklagte selbst.

Jones, Sevilla, Uelmen, Disorderly Conduct, S. 143

11. Wenn der Richter leise kichert
Heiteres aus dem Gerichtssaal

Mancher dusslige Gauner erheitert unfreiwillig das Gericht. Freuen Sie sich auf versehentliche Geständnisse und sonstigen groben Unfug.

Einer geht noch rein

Nichts auslassen wollte das Mitglied einer Einbrecherbande, die im Tessin über fünfzig Einbrüche in Geschäften, Gaststätten und Tankstellen verübt hatte. Die Räuber wurden geschnappt und vor das Strafgericht in Lugano gestellt. Der Staatsanwalt brauchte geschlagene zweieinhalb Stunden, um sämtliche Delikte der Angeklagten aufzuzählen. Als der Ankläger endlich mit seinem Plädoyer fertig war, meldete sich einer der Ganoven zu Wort. »Ich möchte bemängeln«, erklärte er dem verblüfften Gericht, »dass der von mir am 30. Dezember 1995 in Locarno verübte Einbruch in der Anklageschrift nicht enthalten ist.«

Der Angeklagte bewies ein ausgezeichnetes Gedächtnis und einen ausgeprägten Gerechtigkeitssinn. Denn der Einbruch galt bis zu diesem Zeitpunkt als nicht aufgeklärt.

Facts Nr. 11 vom 13.03.1997, Seite 36

Zeugnis: Mangelhaft

»Einen unfähigeren Einbrecher als Sie kann ich mir gar nicht vorstellen. Das nächste Mal weigere ich mich, ein Verfahren gegen Sie zu eröffnen. Dann können Sie selbst sehen, wer Sie verurteilt, Sie Null!« Derart in Rage geriet Richter Eduard Blaimont während einer Gerichtsverhandlung in Pau, Frankreich, weil ihm zum 17. Mal in seiner siebenjährigen Amtszeit der Einbrecher George B. gegenüberstand. Diesmal hatte ein Handlungsreisender, in dessen Wohnung George eingestiegen war, den Halunken schnarchend auf dem Kanapee erwischt. George hatte sich am Cognac des Wohnungsinhabers bedient und war eingeschlafen.

Kurier vom 07.03.2003

Bitte melde Dich!

Vor dem Duisburger Amtsgericht musste sich ein Libanese wegen des Diebstahls von 33 Armbanduhren verantworten. Als der Richter ein Protokoll verlas, in dem der Name eines zweiten Tatbeteiligten genannt wurde, erhob sich plötzlich ein junger Mann im Zuhörersaal und sagte höflich: »Ja, hier.« Eine Minute später saß auch er auf der Anklagebank. *Berliner Kurier vom 09.03.2003*

Keine Fluchtgefahr

Howard J. war in Norristown, Pennsylvania, wegen Drogenhandels angeklagt. Sein Verteidiger versuchte mit der Begründung, sein Mandant denke im Traum nicht daran zu fliehen, eine Herabsetzung der Kaution von 150.000 Dollar zu erreichen. Genau in diesem Augenblick rannte Jones aus dem Gerichtsaal. Er wurde 50 Minuten später gefasst und die Kaution wurde auf 500.000 Dollar erhöht. *www.dumbcriminalacts.com/drugs.shtml*

Tod durch Erschrecken

Ein Richter in Schottland war es leid, denselben stadtbekannten Trinker immer wieder vor seiner Richterbank zu sehen. Eines Tages starrte der Richter den immer noch betrunkenen Angeklagten wütend an und brüllte: »Es ist das Urteil dieses Gerichts, dass Sie von hier zur Hinrichtungsstätte gebracht und so lange am Hals aufgehängt werden, bis Sie tot sind.« Der Betrunkene fiel sogleich in Ohnmacht. Der Richter zuckte mit den Achseln und ergänzte: »Das habe ich immer schon mal sagen wollen.«

www.copzilla.com/humor/real.html

Die Spannung bringt mich um

Donald M., 52 Jahre, musste sich wegen einer Sexualstraftat vor dem Strafgericht in Gastonia, North Carolina, verantworten. Er beobachtete ängstlich, wie die Geschworenen den Gerichtsaal verließen, um im Beratungszimmer über sein Schicksal zu entscheiden. Er erwartete das Schlimmste, riss sich los und flüchtete aus dem Gerichtssaal. Kurze Zeit später kamen die Geschworenen zurück. Ihre Entscheidung lautete: »Nicht schuldig.« Donald M. wird wegen seiner Flucht aus dem Gerichtssaal nunmehr mit Haftbefehl gesucht.

Gregory, Presumed ignorant!, S. 91

Die verdächtige Ausbeulung

Christopher P. war wegen Drogenbesitzes in Pontiac, Michigan, angeklagt. Sein Anwalt behauptete, er sei ohne Durchsuchungsbeschluss rechtswidrig gefilzt worden. Der Staatsanwalt erwiderte, der Polizeibeamte sei berechtigt gewesen, den Verdächtigen auch ohne Beschluss zu durchsuchen, weil in der Jacke des Angeklagten eine Ausbeulung zu sehen gewesen sei, bei der es sich auch um eine Waffe hätte handeln können. Der Angeklagte, der an diesem Tag die gleiche Jacke trug, war empört. Seine Jacke sei aus einem Material, das überhaupt nicht ausbeule. Zum Beweis zog er seine Jacke aus und übergab sie dem Richter. Der Richter untersuchte die Jacke und zog aus einer Tasche eine Packung Kokain. Allein für diese Dummheit müsste es zwei Jahre extra geben.

Gregory, Presumed ignorant!, S. 52

Kopf oder Zahl?

Eine Geschworenen-Jury im US-Staat Kentucky, die sich in einem Mordprozess auch nach zweitägiger Beratung nicht auf Schuld- oder Freispruch einigen konnte, entschied das Schicksal des Angeklagten schließlich per Münzwurf. Der Silber-Dollar befand den

Mann für schuldig, im Mai vergangenen Jahres seine Freundin ermordet zu haben. Der Richter in dem Verfahren in Louisville erklärte den Prozess für gescheitert, nachdem er von der Methode der Geschworenen erfuhr. Der »Schuldspruch« hätte für den Angeklagten lebenslange Haft bedeutet. Das Verfahren soll jetzt wiederholt werden. Richter bedienen sich übrigens verfeinerter Methoden der Urteilsfindung – sie würfeln.

Hamburger Morgenpost vom 27.04.2000

Geständnis per Handzeichen

Zwei Männer waren wegen bewaffneten Raubüberfalls angeklagt. Der Staatsanwalt stellte dem Raubopfer folgende Frage: »Sind die Männer, die dieses schreckliche Verbrechen begangen haben, heute in diesem Gerichtssaal?« Bevor die Zeugin darauf antworten konnte, hoben beide Angeklagten ihre Hände in die Höhe. Das Publikum und sogar der Richter kicherten. Der Staatsanwalt sagte mit Blick auf die immer noch in die Höhe gestreckten Hände: »Euer Ehren, ich bitte zu Protokoll zu nehmen, dass die Angeklagten ihre Hände gehoben und gerade das Verbrechen gestanden haben.«

Butler, Ray, Wanted! Dumb or Alive, S.27

Hosen runter!

Ray M. war vom Gericht in Fort Worth, Texas, gerade zu acht Jahren Freiheitsstrafe wegen schwerer Körperverletzung verurteilt worden. Im Gerichtssaal waren etwa 70 Personen anwesend, als der frisch Verurteilte sagte: »Hallo Richter, schau dir dies an.« Dann drehte er sich um, zog seine Hose nach unten und zeigte dem Richter seinen nackten Hintern. Dieser war über die spontane Urteilskommentierung gar nicht begeistert und verpasste ihm einen Aufschlag von sechs Monaten.

Associated Press vom 20.03.2003

12. Polka-Folter in rosa Unterwäsche
Ungewöhnliche Strafen

Bei der Festlegung des Strafmaßes zeigt mancher Justizpinguin eine unerwartete Kreativität. Lassen Sie sich von einer kleinen Auswahl merkwürdiger Strafen erheitern, zu denen auch das Ausharren neben echten Schweinen und die bereits in der Überschrift erwähnte Polka-Folter gehören.

Ganz oder gar nicht

Ein ehemaliger Spitzensportler wurde vom Landesgericht Klagenfurt wegen Körperverletzung und versuchter Nötigung zu einer Geldstrafe von 18.000 Schilling verurteilt. Der Angeklagte hatte im Zuge eines Ehestreits seine Frau, die die Scheidung wollte, geohrfeigt und mit den Worten: »Du wirst gezüchtigt, Weib, du wirst brennen. Unsere Ehe ist vor Gott geschlossen, du wirst sie nicht beenden«, angeschrien. Der Beschuldigte will allerdings gegen das Urteil Berufung einlegen, weil es ihm zu gering für einen Schuldspruch erscheint. »Entweder die härteste Strafe oder einen Freispruch«, verlangte er.

Neues Volksblatt vom 29.09.2001

Hausarrest

Keine Gnade hatte der Inhaber eines Elektrogeschäftes in Sachsen-Anhalt mit einem Ladendieb, der ihn in der Adventszeit heinsuchte: Er schwärzte ihn nicht bei der Polizei an, sondern bei dessen Ehefrau. Seitens der Polizei wäre die Sache vermutlich mit einer Vorladung erledigt gewesen. So jedoch erwarteten den dreisten Dieb zu Hause sicherlich einige Hiebe mit der Rute.

Mitteldeutsche Zeitung vom 11.12.2001

Die Polka-Folter

Ein 19-jähriger Amerikaner war im US-Bundesstaat Ohio mit seinem Lastwagen durch die Stadt gefahren und hatte dabei mit voll aufgedrehter Stereoanlage Rap gehört. Der Richter sah darin ein ungebührliches Verhalten: Jeder habe das Recht, seine Musik zu hören, solle dabei andere aber nicht belästigen, die nicht denselben Musik-Geschmack hätten. Er beschloss deshalb, dass der Mann eine solche Belästigung auch mal am eigenen Leib spüren sollte. Er verurteilte ihn zum Anhören von vier Stunden Polka-Musik.

The Associated Press vom 31.08.2001

Fiese Meldeauflage

Francesco S. war ein fanatischer Fußballfan und – aufgrund häufiger Ausschreitungen – ein Dauerkunde der italienischen Justiz. Der Hooligan ließ sich jedoch nicht durch mehrere Verurteilungen abschrecken. Als nicht unvermögender Fußball-Fan hatte er bisher alle Geldstrafen wegen Schlägereien, Pöbeleien und Morddrohungen an den Schiedsrichter ganz locker abbezahlt. Ein italienisches Gericht verurteilte ihn deshalb zu einer denkwürdigen Strafe: Jeden Sonntag, wenn seine Mannschaft spielt, muss er sich nun auf dem Polizeirevier melden.

Gruhle, Das neue Lexikon der Niederlagen, S.52

»Leandro, Sie sind raus!«

Leandro A. war bereits wegen Einbruchs und wegen Marihuanaverkaufs vorbestraft. Er wurde unlängst zu 50 Jahren Zuchthaus verurteilt, weil er ein paar Videokassetten gestohlen hatte. Der Oberste Gerichtshof der USA hat das Urteil bestätigt. In Kalifornien gilt ein »3 Strikes and Out«-Gesetz, welches vorschreibt, dass Rückfalltäter nach dem dritten Verbrechen automatisch für immer ins Gefängnis müssen. Die Idee »3 Strikes« ist dem in Amerika sehr populären Baseballspiel entnommen. Womit sich Leandro A. das außergewöhnlich milde Urteil, nur 50 Jahre statt lebenslänglich, verdient hat, ist nicht bekannt.

Tagesanzeiger vom 08.03.2003

Vergiss es!

Der 28-jährige Pratap N. wurde in Indien zunächst wegen einer gewalttätigen Auseinandersetzung zwischen zwei Familien in seinem Dorf zu lebenslänglicher Freiheitsstrafe verurteilt, legte aber Berufung ein. In der Revision befand ihn das oberste Gericht 1994 für unschuldig. Der Freispruch erfolgte in seiner Abwesenheit. Sein Anwalt war zwischenzeitlich verstorben. Deshalb erfuhr er die gute Nachricht nicht. Auch die Justiz vergaß, ihm die frohe Kunde mitzuteilen und ihn rauszulassen. So saß er trotz Freispruchs noch volle acht Jahre.

NDTV.com (New Delhi) vom 11.02.2003

Elektrischer Stuhl

Laurence B., 47 Jahre, saß in Cambridge, Massachusetts, wegen eines Kapitalverbrechens in der Todeszelle. Doch seine Berufung hatte Erfolg und die Todesstrafe wurde in eine lebenslängliche Freiheitsstrafe umgewandelt.

Zum Fernsehen in der Zelle müssen die Insassen Kopfhörer tragen, um die anderen Häftlinge nicht zu stören. Laurence B. saß nackt auf der Edelstahl-Toilettenschüssel, als er nach dem Toilettenpapier griff, der Kopfhörer von seinem Kopf rutschte und in das Wasser der Toilettenschüssel fiel. Er wurde auf der Stelle durch den Stromschlag getötet. Auf diese Weise wurde die ursprünglich verhängte Todesstrafe doch noch vollstreckt.

Butler, Ray, Rose, Crimes and Misdumbmeanors, S. 19

Strafmilderung

In Thailand wurde ein Hotelportier wegen Veruntreuung von 12.000 Dollar zu einer Gefängnisstrafe von 865 Jahren verurteilt. Doch weil er mit dem Gericht kooperierte, wurde seine Strafe auf 576 Jahre reduziert. Was tut man nicht alles in der Hoffnung auf eine frühere Haftentlassung.

www.dumbcrooks.com/March29.html

In Acht und Bann

Frank G., ein Einbrecher aus San Antonio, Texas, wurde geschnappt und schuldig gesprochen. Als es Zeit für die Festlegung des Strafmaßes war, gab der Richter ihm 7 Jahre. Darüber war Frank G. sehr bestürzt und flehte den Richter an, ihm nicht 7 Jahre zu geben, weil 7 seine Unglückszahl sei. Der verständnisvolle Richter entsprach der Bitte und gab ihm 8 Jahre.

www.clumsycrooks.com/morons-and-muggers.htm

Pretty Prisoners

Joe Arpaio, Amerikas härtester Sheriff, ist Gefängnisdirektor in Arizona. Zur Arbeit geht es in den berüchtigten »chain gangs«, die Häftlinge verrichten ihre Arbeit in Fünfer-Trupps aneinandergekettet. Unter ihrer Sträflingskluft aus schwarzen und weißen Balken müssen die Häftlinge rosa Unterwäsche tragen. »Damit niemand auf die Idee kommt, das Gefängnis in Unterhosen zu verlassen«, erläutert Joe Arpaio. »In dieser Unterwäsche fühlt sich selbst der härteste Macho wie eine Schwuchtel.«

Der Spiegel Nr. 29/2001, S. 124

Schweinische Strafe

Ein 44-jähriger Mann hatte in Ohio einen Polizisten beleidigt und als Sau beschimpft. Ein Richter aus der Stadt Painesville dachte sich dafür anstelle einer Haftstrafe eine ungewöhnliche Bestrafung aus: Der Verurteilte musste unter dem Spott der Passanten zwei Stunden lang neben einem 158 Kilogramm schweren Schwein auf dem Gehweg ausharren. Dabei hielt er ein Schild mit der Aufschrift »Dies ist kein Polizist« hoch.

Saarbrücker Zeitung vom 13.02.2002

Damenbier

Zwei 21 und 23 Jahre alte Männer hatten eine Frau mit Bierflaschen beworfen. Der Richter verurteilte die Männer neben der Zahlung von 250 Dollar dazu, eine Stunde in Frauenkleidern, mit Perücken und Make-up durch die Kleinstadt Coshocton, Ohio, zu laufen. Ob sie dabei auch mit Bierflaschen beworfen wurden, wurde nicht berichtet.

Ostthüringer Zeitung vom 29.10.2001

Lesen bildet

Eine ungewöhnliche Bewährungsauflage verhängte ein Amtsrichter im thüringischen Sondershausen gegen einen 23-Jährigen, der die Initialen des Schriftzugs »Leibstandarte Adolf Hitler« getragen hatte. Der zu sechs Monaten auf Bewährung Verurteilte muss ein 600 Seiten starkes Sachbuch über Hitler lesen und eine Zusammenfassung von zehn Seiten anfertigen.

General-Anzeiger vom 06.09.2001

13. Die Flatter machen
Ausbrecherkönige

Der Wunsch, auch gerechte Strafen möglichst zu umgehen, ist nur allzu menschlich. Die meisten Strafgefangenen meinen zudem, vollkommen unschuldig hinter Gittern zu sitzen. Knastis, die erfolgreich türmen und dauerhaft in Freiheit bleiben, findet man in diesem Kapitel nicht. Aber alle anderen …

Der Ausbruchsklassiker

Zwei Häftlinge einer Bochumer Haftanstalt haben den Klassiker aller Gefängnisausbrüche hingelegt. Sie sägten einen daumendicken Gitterstab durch, bogen die übrigen Stäbe auseinander und seilten sich mit einem aus Matratzenbezügen gedrehten Seil ab. Ob die beiden Ausbrecher, um alle historischen Vorgaben einzuhalten, mit geringelter Anstaltskleidung und Eisenkugeln an den Füßen unterwegs sind, ist nicht bekannt. Dass die Säge in einem von Muttern gebackenen Kuchen steckte und beim Besuch übergeben wurde, gilt beinahe als gesichert.

taz vom 20.05.2003

Vom Regen in die Traufe

Pech hatte ein Ausbrecher aus dem englischen Northeye-Gefängnis. Wochenlang hatte er seine Flucht geplant. In einem günstigen Moment versteckte er sich in dem Lieferwagen, der die Gefängnisküche mit Gemüse beliefert. Nach langer Fahrt durch die Landschaft von Sussex kam der Lieferwagen endlich zum Stehen. Als der Fahrer das ganze Gemüse ausgeladen hatte und verschwunden war, kroch der Ausbrecher aus dem Fahrzeug – und fand sich in den Mauern der Haftanstalt Lewes wieder. Die Gefängnisleitung sorgte für seine Rückverschubung nach Northeye, wo er noch ein wenig nachsitzen durfte.

Pile, Nieten ohne Ende, S. 117

Welcome home!

Den miserabelsten Fluchtversuch müssen sich die Mexikaner nachsagen lassen. Wochenlang schufteten die Insassen des Gefängnisses von Saltillo in aller Heimlichkeit an einem Fluchttunnel. Nachdem sie ihn ausreichend weit vorangetrieben hatten, stießen sie eines Nachts nach oben durch. Statt in die Freiheit starrten die genialen Fluchtplaner in Gewehrläufe. Sie hatten sich in der Richtung vertan und waren mit dem Ausstieg in die Wachstube der Gefängnispolizei geraten.

Gruhle, Das neue Lexikon der Niederlagen, S. 55

Genau nach Plan

Sechs Stunden nach dem erfolgreichen Ausbruch war Raymond H. wieder in seiner Zelle in einem New Yorker Gefängnis. Er hatte die Flucht buchstäblich minutiös geplant – und den genauen schriftlichen Plan in seiner Zelle liegen lassen. Unter anderem stand darin: »20.00 Uhr Opas Haus in Newburgh«. Dort wartete die Polizei – und konnte den Mann um Punkt 20.00 Uhr festnehmen. Er hatte sich dankenswerterweise genau an sein Ausbruchskonzept gehalten.

Fortean Times, The World's Stupidest Criminals, S. 78

Getrennte Wege

Zwei Untersuchungshäftlinge, die zu einem Gerichtstermin geführt wurden, nutzten die Gelegenheit zur Flucht. An einem bestimmten Punkt schienen sie jedoch vergessen zu haben, dass sie mit Handschellen aneinander gekettet waren: Der eine lief links am Laternenpfahl vorbei, der andere rechts. Die Wärter mussten die zusammengedonnerten, benommen dasitzenden Flüchtlinge nur noch einsammeln und in den Gefängnistransporter stecken.

Shepherd, America's Least Competent Criminals, S. 25

Verschätzt

Die Flucht mittels zusammengeknoteter Bettlaken ist der Klassiker der Gefängnisausbrüche. William S. wollte mit diesem uralten Trick aus dem New York Nassau County Gefängnis entfliehen. Die Entfernung zum Boden betrug 17 Meter, sein aus Bettlaken geknotetes Seil war allerdings nur 6 Meter lang. Er starb, als er die verbleibenden 11 Meter auf den harten Beton stürzte. Bei dieser Höhe hätte er aus dem Bettlaken besser einen Fallschirm gebastelt.

Sweet, Law and Disorder, S. 68

Justizentlastung durch Panzerechsen

Oswaldo M. aus Panama flüchtete nach Costa Rica, nachdem er bei einem gescheiterten Raub in Panama-Stadt einen Richter erschossen hatte. In Costa Rica wurde der Flüchtige von der Polizei festgenommen. Es gelang ihm jedoch, aus dem Gefängnis auszubrechen. Nun versuchte er durch den dichten Dschungel im Süden Costa Ricas in sein Heimatland zu fliehen. Als er durch einen Urwaldfluss schwimmen wollte, packte ihn jedoch ein Krokodil und verschlang ihn bei lebendigem Leib.

Ein besseres Happyend hätte sich auch ein Drehbuchautor nicht ausdenken können: Der Raubmörder bekam seine verdiente Strafe und die Panzerechse eine unverhoffte Mahlzeit. Zudem wurde die Justiz entlastet, was wegen des fehlenden Richters in Panama-Stadt bitter notwendig war.

www.dumbcriminalacts.com/acts.php?category=7&page=1

Kreide vergessen

Edwin G. saß wegen Entführung und Erpressung in der Haftanstalt von Bogotá, Kolumbien, ein. Er versuchte als Frau verkleidet aus dem Gefängnis auszubrechen. In hochhackigen Schuhen stolperte er aus dem Zellenblock heraus. Als »sie« von dem Wärter gefragt wurde, woher sie komme, gab sich Edwin G. unfreiwillig als Vertreter des starken Geschlechts zu erkennen. »Aus Pavillon Nummer sieben«, sagte er mit verräterisch tiefer Stimme. Der Wolf in Frauenkleidern hatte offenbar vergessen Kreide zu fressen und durfte gleich wieder in seine Zelle zurück.

Deutsche Presse-Agentur vom 31.10.1995

Verwechslungskomödie im Knast

Bordellchef Rudi K. wurde wegen Zuhälterei zu zwei Jahren Freiheitsstrafe ohne Bewährung verurteilt und sollte ins Gefängnis. Sein Bruder Norbert K. bot ihm an, die Strafe für ihn abzusitzen. Ein Deal zum beiderseitigen Vorteil: Rudi sollte kann seine lukrativen Rotlicht-Geschäfte weiterführen, während der Gelegenheitsarbeiter Norbert großzügig entschädigt werden sollte. Bei Haftantritt entging den Vollzugsbeamten tatsächlich, dass Norbert K. fast einen Kopf größer war als Bruder Rudi, etwa 20 Kilo mehr wog und ihm nur entfernt ähnlich sah. Über 10 Monate sah es so aus, als würde der Plan glücken, bis ein Zufall die Brüder auffliegen ließ. Ein neuer Gefängnisinsasse namens Faruk wollte mal mit seinem alten Freund Rudi K. reden. Als er sich zu Zelle 21 durchgefragt hatte, blieb er verblüfft stehen: »Du bist Rudi K.? Der war doch früher viel kleiner.«

Rudi K. musste seine zweijährige Haftstrafe doch noch antreten, und Norbert K. wurden von der Justizbehörde Kost und Logis für über 10 Monate Männerpension in Rechnung gestellt.

Spiegel Nr. 3/2002, S. 62

Da bin ich wieder!

Der 31-jährige Angeklagte Rogozensky wartete im DeKalb County Gericht auf seine Verhandlung. Er musste sich wegen Widerstands gegen Vollstreckungsbeamte und Falschaussage verantworten. Einen Toilettenbesuch nutzend, versuchte er zu fliehen. Er bestieg einen Stuhl und kletterte in die Zwischendecke. Er kam dennoch früher vor den Richter als erwartet: Der Flüchtling brach durch die Decke, stürzte mehr als 3 Meter nach unten und landete ausgerechnet im Dienstzimmer des Richters, direkt vor dessen Schreibtisch. Einen schnelleren Weg zu seiner Verurteilung hätte Rogozensky nicht nehmen können.

Reuters vom 10.09.2003

14. Kopf kullert aus Plastiktüte
Ein Sammelsurium absurder Fälle

Abschließend eine kleine Sammlung der Meisterleistungen halb verblödeter oder gleich ganz hirnamputierter Gauner. Freuen Sie sich auf den Küchensieb-Lügendetektor, die Selbstverhaftung mit Handschellen und die Flucht im Streifenwagen.

Lieblingspizza

Seine Lieblingspizza mit Salami, Pilzen und ganz viel Käse überführte einen Brandstifter in Ratingen. Er hatte die Reste in einer Schachtel am Tatort liegen lassen. Beim Pizzadienst war er »wegen der seltenen Kombination« als Stammkunde bekannt.

Hamburger Morgenpost vom 07.04.2000

Der zufriedene Entführer

Der unfähigste Flugzeugentführer aller Zeiten stand auf einem inneramerikanischen Flug plötzlich von seinem Sessel auf, zog eine Waffe und nahm sich die Stewardess als Geisel. »Bringen Sie mich nach Detroit«, sagte er. »Wir sind auf dem Weg nach Detroit«, antwortete sie. »Oh … prima«, sagte er und setzte sich wieder hin.

Gruhle, Das neue Lexikon der Niederlagen, S. 49

Sein bestes Stück

Um sein bestes Stück fürchtete ein Exhibitionist im schwäbischen Weißenhorn. Als sich der Gliedvorzeiger vor einer Frau aufbaute und seinen Hosenstall öffnete, rief sie entschlossen nach ihrem Rottweiler: »Komm, es gibt Würstchen!« Daraufhin nahm der Sittenstrolch entsetzt Reißaus. *Stern Nr. 43/1998, S. 72*

War nicht so gemeint

Ein Mann wollte von Berlin-Tegel nach Frankfurt fliegen. Bei der Kontrolle des Handgepäcks sagte er zu der Sicherheitskraft: »Mal sehen, ob Sie erkennen, wie gut meine Bombe getarnt ist.« Der Mann glaubte, die Flughafenangestellte durch seinen Bomben-Witz aufheitern zu können. Doch stattdessen rief sie die Polizei. Das Amtsgericht Tiergarten erkannte auf groben Unfug und brummte dem Scherzkeks eine Geldbuße von 400 Euro auf.

Beschluss des Kammergerichts vom 11.05.1987, NStZ 1987, S.467

Schlechter Tausch

Einem 33-jährigen Passfälscher aus Polen wurde sein eigener Bluff zum Verhängnis. Er hatte in einem gestohlenen Ausweis das Passbild ausgewechselt und mit dem gefälschten Papier trotz Einreiseverbots den Gang über die deutsche Grenze versucht. Was der Mann nicht wusste: Das Originaldokument gehörte ausgerechnet einem per Haftbefehl gesuchten Landsmann. Prompt nahm der Bundesgrenzschutz den Fälscher fest. Anhand der Fingerabdrücke stellten die Beamten die wahre Identität des Fälschers fest. Mit einer Anzeige wegen Urkundenfälschung im Gepäck wurde er nach Polen zurückgeschickt. *www.general-anzeiger-bonn.de/freizeit/fun/polizei/*

Der Schützenkönig

Der 35-jährige Willi K. aus dem Sauerland fand eine ec-Karte samt PIN-Nummer. Der Mann konnte der Versuchung nicht widerstehen. Statt die Karte zurückzugeben, hob der Finder eine vierstellige Summe ab, ohne zu ahnen, dass er dabei ins Visier einer Überwachungskamera geriet. Die Aufnahme wurde unter der Überschrift »Mit gefundener Karte blitzschnell Konto geplündert« in der »Westfalenpost« veröffentlicht. Der Zufall wollte es, dass auf derselben Seite noch ein Foto veröffentlicht wurde: ein Bild des neuen Schützenkönigs, der ebenfalls Willi K. war. *Stern Nr.43/1998, S.72*

Erfinderische Cops

In Pennsylvania wollten zwei Polizeibeamte einen widerwilligen Verdächtigen mit einem Bluff zum Geständnis bringen. Sie erzählten ihm, der Fotokopierer sei ein Lügendetektor. Zuerst stülpten sie ein Küchensieb über den Kopf des Beschuldigten und verbanden es mit der Vervielfältigungsmaschine. Dann legten sie einen Zettel mit den Worten »Er lügt!« auf das Vorlagenglas. Jedesmal, wenn der Verdächtige eine Frage nicht erwartungsgemäß beantwortet hatte, drückte ein Polizist die Starttaste, woraufhin das Gerät ein Blatt mit den Worten »Er lügt!« produzierte. Erschüttert gestand der Verdächtige alles. Allerdings wurde das Geständnis vom Richter wegen der etwas ungewöhnlichen Vernehmungsmethode nicht akzeptiert. Richter finden moderne Technik suspekt und bevorzugen konventionelle Vernehmungsmethoden – zum Beispiel Daumenschrauben.

Jones, Sevilla, Uelmen, Disorderly Conduct, S. 47

Belohnung für Doppelmord

Vor 14 Jahren wurde in den Vereinigten Staaten ein Doppelmord begangen. Die Polizei setzte auf die Ergreifung des unbekannten Täters eine Belohnung von 3.000 Dollar aus. Eines Tages erschien ein Mann auf dem Polizeirevier und erzählte den erstaunten Beamten, dass er der Täter sei. Doch weder schlechtes Gewissen noch Reue hatten ihn zu dem Geständnis bewegt, sondern die ausgeschriebene Prämie. Der Mann wurde belohnt – mit einer Freifahrt ins Gefängnis.

Gregory, The Stupid Crook Book, S. 231

Computerspiele

Zwei Polizeibeamte führten in Detroit Kindern aus der Nachbarschaft stolz die Computerausrüstung ihres Streifenwagens vor. Ein 21-jähriger Mann gesellte sich dazu und fragte, wie die Ausrüstung funktioniert. Die Polizisten baten ihn um seinen Führerschein, um eine Testanfrage durchführen zu können. Bereitwillig händigte er ihn aus und ließ seine Daten eingeben. Einen Augenblick später verhafteten ihn die Cops, da auf dem Computerbildschirm zu lesen war, dass er wegen bewaffneten Raubüberfalls gesucht wurde. Der Mann kannte offenbar nicht die goldene Regel: »Wirst du per Haftbefehl gesucht, meide die Polizei«.

www.dumbcriminalacts.com/acts.php?category=6&page=2

Selbstverhaftung

Sean B., 23 Jahre, langweilte sich. Er spielte mit den Handschellen herum, die er zu Hause liegen hatte. Er fesselte sich selbst, stellte dann aber fest, dass er keine Schlüssel für sie hatte. Also rief er die Polizei zu Hilfe, damit diese ihn aus seiner misslichen Lage befreie. Die Polizei kam und führte eine routinemäßige Computeranfrage über Sean B. durch. Bingo! Es lag ein Haftbefehl gegen ihn wegen eines Verkehrsdelikts vor. Er wurde in Gewahrsam genommen – in seinen eigenen Handschellen.

www.dumbcrooks.com/May24.html

Filmriss

In Kalifornien wurde ein Mann von einem Polizisten angehalten, weil er in Schlangenlinien fuhr. Der Fahrer war offensichtlich schwer betrunken. Der Polizist nahm seine Personalien auf und wollte ihn ins Röhrchen blasen lassen. Da kam es ein Stück weiter die Straße zu einem schweren Verkehrsunfall. Der Polizist wies den Promillesünder an, an Ort und Stelle stehen zu bleiben, und rannte zu der Unfallstelle. Als der Polizist mit den Unfallbeteiligten redete, sah er den betrunkenen Mann plötzlich mit hoher Geschwindigkeit an sich vorbeifahren.

Eine halbe Stunde später suchte der Polizist den Flüchtigen zu Hause auf und warf ihm Trunkenheit im Verkehr vor. Der Mann bestritt dies und behauptete, die ganze Nacht im Bett gelegen zu haben. Sein Leugnen war allerdings sinnlos, denn in der Garage stand der abgestellte Streifenwagen. Der Kerl war so betrunken, dass er nicht einmal gemerkt hatte, dass er im Streifenwagen anstatt in seinem eigenen Wagen nach Hause gefahren war.

Butler, Ray, Wanted! Dumb or Alive, S. 211

Nicht gleich den Kopf verlieren!

Bei der Leichenbeseitigung nach einem Mord ist Diskretion oberstes Gebot. Ein intellektuell minderbegabter Mörder auf der russischen Halbinsel Sachalin kannte dieses Gebot nicht. Er zerstückelte die Leiche, um die Körperteile an verschiedenen Orten zu vergraben. Dann setzte er sich, den Kopf des Opfers in einer Einkaufstüte, in einen Linienbus, um zum Stadtrand zu fahren. Als der Bus über eine Unebenheit auf der Straße fuhr, rollte der blutige Schädel plötzlich aus der Tüte und den Mittelgang hinunter. Der schockierte Busfahrer hielt an der nächstgelegenen Polizeiwache, wo der Besitzer der Plastiktüte festgenommen wurde. Der Mörder hatte bei der Festnahme außerdem noch die abgehackten Hände seines Opfers in der Tüte.

Spiegel Online vom 14.11.2001

Literaturverzeichnis

Daniel Butler, Alan Ray, Leland Gregory, America's Dumbest Criminals, Rutledge Hill Press, Nashville 1995

Daniel Butler, Alan Ray, Wanted! Dumb or alive, Rutledge Hill Press, Nashville 1996

Daniel Butler, Alan Ray, The World's Dumbest Criminals, Rutledge Hill Press, Nashville 1997

Daniel Butler, Alan Ray, Larry Rose, Crimes and MisDumbMeanors, Rutledge Hill Press, Nashville 1998

Bernd und Uta Ellermann, »... und wie läßt du hageln?« Versicherungsbetrug – ein Volkssport? Verlag Versicherungswirtschaft e.V., Karlsruhe 1995

Faktum Lexikon Institut, Skandale und Kriminalfälle. Die großen Skandale und Kriminalfälle der Welt, Bertelsmann Lexikon Verlag, Gütersloh 2001

Fortean Times, The World's Stupidest Criminals, Cader Books, New York 1997

Leland H. Gregory, Presumed Ignorant!, Dell Publishing, New York 1998

Leland Gregory, The Stupid Crook Book, Andrews McMeel Publishing, Kansas City 2002

Uwe Gruhle, Das neue Lexikon der Niederlagen, Eichborn Verlag, Frankfurt a.M., 12. Aufl. 1990

Rodney R. Jones, Charles M. Sevilla, Gerald F. Uelmen, Disorderly Conduct. Verbatim Excerpts from Actual Cases, W.W. Norton & Company, New York / London 1999

Rhian McKay, The World's Stupidest Criminals, Michael O'Mara Books, London 2002

Stephen Pile, Nieten ohne Ende. Die größten Versager der Welt, Knaur, München 1993

Gert Postel, Doktorspiele. Geständnisse eines Hochstaplers, Eichborn, Frankfurt 2001

Klaus Schönberger (Hrsg.), Vabanque. Bankraub. Theorie. Praxis. Geschichte, Verlag Libertäre Assoziation, Hamburg 2001

Karl Shaw, Das Lexikon der Geschmacklosigkeiten, Wilhelm Heyne Verlag, München 2000

Chuck Shepherd, America's Least Competent Criminals, HarperCollins Publishers, New York 1993

Kim Sinclair, Britain's Dumbest Criminals, Take That Books, Harrogate 1996

Roland Sweet, Law and Disorder. Weird News of Crime and Punishment, Penguin Books, New York 1994